GAODENG ZHIYE JIAOYU
GUOJIA 1+X ZHENGSHU ZHIDU SHIDIAN
ANLI HUIBIAN

高等职业教育
国家1+X证书制度试点
案例汇编

主　编　刘建林
副主编　崔　岩　胡海宁

西北大学出版社
·西安·

图书在版编目（CIP）数据

高等职业教育国家 1+X 证书制度试点案例汇编／刘建林主编．—西安：西北大学出版社，2020.9
ISBN 978-7-5604-4600-4

Ⅰ.①高… Ⅱ.①刘… Ⅲ.①高等职业教育—职业培训—案例—陕西—汇编 Ⅳ.①G718.5

中国版本图书馆 CIP 数据核字（2020）第 175880 号

内容简介

为贯彻落实《国家职业教育改革实施方案》，教育部等四部门印发《关于在院校实施"学历证书+若干职业技能等级证书"制度试点方案》，强调要把 1+X 证书制度与学校的专业建设、课程体系构建、师资队伍培养等结合起来，实现"1"与"X"有机衔接，全面提高职业教育人才培养质量，提升学生的就业能力。国家已经启动了三批 1+X 证书制度试点工作。Web 前端开发 1+X 证书是国家第一批试点的 6 个证书之一，也是陕西第一个颁发证书的试点项目，Web 前端开发首张 1+X 职业技能等级证书在陕西工业职业技术学院颁发。《高等职业教育国家 1+X 证书制度试点案例汇编》选编了陕西 17 所高职院校的 31 个参与前两批 1+X 证书制度试点工作典型案例，具有思路和做法新颖、课证融通、便于复制和借鉴等特点，以供相关职业院校在人才培养、内涵建设、1+X 证书制度推广和应用过程中参考。

高等职业教育国家 1+X 证书制度试点案例汇编

主　　编	刘建林
副 主 编	崔　岩　胡海宁
出版发行	西北大学出版社
地　　址	西安市太白北路 229 号
邮　　编	710069
电　　话	029-88302825
经　　销	全国新华书店
印　　装	陕西向阳印务有限公司
开　　本	787mm×1 092mm　1/16
印　　张	11.75
字　　数	260 千字
版　　次	2020 年 9 月第 1 版　2020 年 9 月第 1 次印刷
书　　号	ISBN 978-7-5604-4600-4
定　　价	48.00 元

本版图书如有印装质量问题，请拨打电话 029-88302966 予以调换。

《高等职业教育国家1+X证书制度试点案例汇编》编委会

主　任　刘建林

副主任　崔　岩　胡海宁

编　委　刘永亮　王周锁　赵居礼　王　晖　刘敏涵
　　　　　刘胜辉　刘予东　杨卫军　田和平　杨云锋
　　　　　程书强　高福华　张永良　冉　文　胡海东
　　　　　杨建民　王晓江

前　言

《国家职业教育改革实施方案》明确提出："从2019年开始，在职业院校、应用型本科高校启动'学历证书＋若干职业技能等级证书'制度试点（以下称1＋X证书制度试点）工作。"这是职教领域的重大改革与重大创新。

为贯彻落实《国家职业教育改革实施方案》，教育部等四部门印发了《关于在院校实施"学历证书＋若干职业技能等级证书"制度试点方案》，强调要把1＋X证书制度与学校的专业建设、课程体系构建、师资队伍培养等结合起来，实现"1"与"X"有机衔接，全面提高职业教育人才培养质量，提升学生的就业能力。教育部发布的《职业院校专业人才培养方案制订与实施工作的指导意见》中也要求促进书证融通，"鼓励学校积极参与实施1＋X证书制度试点，将职业技能等级标准有关内容及要求有机融入专业课程教学，优化专业人才培养方案"，不断提高人才培养质量。

按照《教育部办公厅　国家发展改革委办公厅　财政部办公厅关于推进1＋X证书制度试点工作的指导意见》要求，通过试点，进一步深化教师、教材、教法"三教"改革，深化产教融合，促进校企合作，建好用好实训基地，探索建设职业教育国家"学分银行"，构建国家资历框架，提高专业人才培养质量，扩大就业面，为国家经济社会发展提供高素质复合型技术技能人才支撑。

目前，国家已经启动三批1＋X证书制度试点工作。第一批试点涉及6个证书，陕西有22所高职院校承担试点任务34项；第二批试点涉及10个证书，陕西有23所高职院校承担试点任务40项。

Web前端开发1＋X证书是国家第一批试点的6个证书之一，陕西共有4所高职院校承担试点任务，同时也是陕西第一个颁发证书的试点项目。2019年10月19日，陕西工业职业技术学院组织首批Web前端开发1＋X职业技能等级试点考核。Web前端开发首张1+X职业技能等级证书在陕西工业职业技术学院颁发,受到了正在陕西工业职业技术学院调研的中共中央政治局委员、国务院副总理孙春兰的高度赞扬。

通过一年多的试点探索,已经形成了一些案例。为了更好地总结、宣传和推广陕西高等职业院校国家1+X证书试点的经验,陕西省职业技术教育学会组织编撰了《高等职业教育国家1+X证书制度试点案例汇编》。

本书选编了陕西17所高职院校提交的31个参与前两批1+X证书制度试点工作的典型案例,具有思路和做法新颖、课证融通、便于复制和借鉴等特点,以供相关院校在人才培养、内涵建设、1+X证书推广和应用过程中参考。

本书在编写过程中得到了陕西工业职业技术学院、杨凌职业技术学院、陕西铁路工程职业技术学院、陕西财经职业技术学院等多所院校的大力支持和帮助。在此,向他们表示衷心的感谢!

由于编者水平有限,书中难免有不妥之处,敬请广大读者提出宝贵意见。

编 者

2020年1月

目 录

首张 Web 前端开发 1+X 证书从这里发出　／1

陕西工业职业技术学院 Web 前端开发 1+X 证书制度试点案例　／3

陕西工业职业技术学院建筑信息模型（BIM）1+X 证书制度试点案例　／8

陕西工业职业技术学院智能财税 1+X 证书制度试点案例　／18

陕西工业职业技术学院物流管理 1+X 证书制度试点案例　／24

杨凌职业技术学院建筑信息模型（BIM）1+X 证书制度试点案例　／31

杨凌职业技术学院物流管理 1+X 证书制度试点案例　／35

杨凌职业技术学院智能财税 1+X 证书制度试点案例　／41

杨凌职业技术学院工业机器人应用编程 1+X 证书制度试点案例　／49

西安航空职业技术学院 Web 前端开发 1+X 证书制度试点案例　／58

陕西铁路工程职业技术学院智能财税 1+X 证书制度试点案例　／64

陕西铁路工程职业技术学院物流管理 1+X 证书制度试点案例　／70

陕西铁路工程职业技术学院建筑信息模型（BIM）1+X 证书制度试点案例　／75

陕西国防工业职业技术学院老年照护 1+X 证书制度试点案例　／80

陕西国防工业职业技术学院汽车运用与维修 1+X 证书制度试点案例　／86

陕西能源职业技术学院老年照护（护理）1+X 证书制度试点案例　／94

陕西能源职业技术学院老年照护（康复治疗技术）1+X 证书制度试点案例　／98

陕西交通职业技术学院汽车运用与维修 1+X 证书制度试点案例　／104

西安铁路职业技术学院物流管理1+X证书制度试点案例 / 110

西安铁路职业技术学院云计算平台运维与开发1+X证书制度试点案例 / 118

陕西财经职业技术学院网店运营推广1+X证书制度试点案例 / 122

陕西财经职业技术学院物流管理1+X证书制度试点案例 / 127

宝鸡职业技术学院汽车运用与维修1+X证书制度试点案例 / 131

宝鸡职业技术学院母婴护理1+X证书制度试点案例 / 137

渭南职业技术学院失智老年人照护1+X证书制度试点案例 / 141

渭南职业技术学院建筑信息模型(BIM)1+X证书制度试点案例 / 146

陕西工商职业学院物流管理1+X证书制度试点案例 / 149

延安职业技术学院汽车运用与维修1+X证书制度试点案例 / 154

汉中职业技术学院汽车运用与维修1+X证书制度试点案例 / 162

安康职业技术学院老年照护1+X证书制度试点案例 / 168

西安医学高等专科学校母婴护理1+X证书制度试点案例 / 170

神木职业技术学院老年照护1+X证书制度试点案例 / 175

首张 Web 前端开发 1+X 证书从这里发出

中共中央政治局委员、国务院副总理孙春兰 2019 年 10 月 21—22 日在陕西调研。她强调,要深入学习贯彻习近平总书记给全国涉农高校书记校长和专家代表重要回信精神,认真落实党中央、国务院决策部署和全国教育大会精神,持续深化高等教育改革,全面振兴中西部高等教育,提升人才培养水平和科技创新能力,更好服务国家和区域经济社会发展。

孙春兰先后到西北农林科技大学、陕西工业职业技术学院、西安电子科技大学和西安交通大学,了解立德树人、科研创新、教学改革、学科专业设置等情况。她充分肯定陕西省对高等教育发展的高度重视,并对教师潜心治学育人、围绕关键核心技术集中攻关,学生刻苦钻研、奋发有为的精神面貌给予赞许。几所高校扎根西部办教育,结合当地实际需求,坚持内涵发展,发挥人才智力优势,为国家和区域经济社会发展做出积极贡献。

孙春兰强调,各高校要坚持立德树人根本任务,构建德智体美劳全面培养的教育体系,着力提高人才培养质量,把创新创业教育贯穿人才培养全过程,完善评价体系,敢于给青年人才压担子,努力培养担当民族复兴大任的时代新人。要提升高校科技创新能力,紧密对接国家战略需求,加强高校基础学科建设,对基础研究稳定支持,推动高校与科研院所、企业开展协同创新,整合优势力量长期持续攻关,力争在关键核心技术自主创新上实现重大突破。要引导高校科学定位、特色发展,完善"双一流"建设体系和动态调整机制,支持有条件的中西部高校加快一流大学和一流学科建设。高校要立足地方、扎根地方、服务地方,主动适应中西部地区发展和产业转型方向,不断提高精准度和有效性,在创新型人才培养、学科专业调整优化、考试招生制度改革等方面大胆改革,在服务经济社会发展中体现价值。要深化职业教育改革,提升职业教育质量,深入推进产教融合、校企合作,推动教师、教材、教法改革,促进职业院校办出特色、办出水平,加快培养大批高素质劳动者和技术技能人才,为中西部地区经济社会高质量发展做出更大贡献。(新华社西安 2019 年 10 月 22 日电)

2019 年 10 月 21 日下午,中共中央政治局委员、国务院副总理孙春兰在陕西工业职业技术学院调研时指出,国家对职业技能证书要重新认定,"学分银行"就是鼓励职业教育的终生学习,为国家培养更多高素质技术技能人才。图 1 和图 2 是孙春兰副总理与陕西工业职业技术学院师生亲切交谈时的场景。

Web 前端开发 1+X 证书是国家首批试点的 6 个证书之一,陕西共有 4 所高职院校承担试点任务,其培训评价组织机构为工业和信息化部教育与考试中心。2019 年 10 月 19 日,陕西工业职业技术学院组织首批 Web 前端开发 1+X 职业技能等级试点

图1 孙春兰副总理与陕西工业职业技术学院特聘教授、国家级技能大师田浩荣亲切交谈

图2 孙春兰副总理与陕西工业职业技术学院学生亲切交谈

考核,陕西工业职业技术学院信息工程学院软件1803班闫佳轩同学获得学院第一个Web前端开发1+X证书,证书编号:16100010022561001190001(图3)。同时,这也是陕西首张1+X证书,受到了正在陕西工业职业技术学院调研的孙春兰副总理的高度赞扬。

图3 陕西工业职业技术学院信息工程学院闫佳轩同学获得首张1+X证书

陕西工业职业技术学院
Web 前端开发 1+X 证书制度试点案例

1+X 证书制度是为了深入贯彻党的十九大精神和全国教育大会精神,教育部会同国家发展和改革委员会、财政部、国家市场监督管理总局制定了《关于在院校实施"学历证书+若干职业技能等级证书"制度试点方案》。陕西工业职业技术学院是教育部首批 1+X 证书制度试点院校,也是 Web 前端开发 1+X 职业技能等级证书的全国 424 所试点院校之一。学校积极推进 1+X 试点工作,前期已有软件技术专业、计算机应用技术专业、移动应用开发专业和计算机信息管理专业等 4 个专业共 218 名学生参加试点考核,在人才培养模式、师资团队建设、教学改革等方面取得了显著成效。

一、课证融通

为加快课证融通步伐,使课程内容能够对接行业、企业标准,以 Web 前端开发 1+X 职业技能等级考核中初、中、高级等级标准为基准,分析 Web 前端开发就业岗位和工作领域的职业技能、核心技能以及知识要求,按照行业、企业对不同层次工作岗位和职业等级对技术技能水平的不同要求规划课程体系、设置教学内容、修订人才培养方案。软件技术专业从 2018 级开始,新增《Web 前端设计与开发》《Web 前端设计与开发项目实训》课程(图1)。根据行业产业发展需要,结合陕西工业职业技术学院信息工程学院专业分流的陕西省试点政策,该专业 2019 级新增了前端开发方向,开设《H5+CSS3 网站设计与开发》《JavaScript 程序设计与开发》《微信小程序设计与开发》《Web 前端开发框架》等一系列前端开发的方向性课程(图2),培养具备 H5+CSS3、JavaScript、jQuery 等综合技术能力的 Web 前端全栈开发人才(图3),并制定相关政策鼓励学生通过获取 Web 前端开发 1+X 职业技能等级证书评价教学效果,形成以"毕业证书+职业技能等级证书"为核心的综合性教学评价模式。

图1 2018 级人才培养方案中的理论课程安排表截图

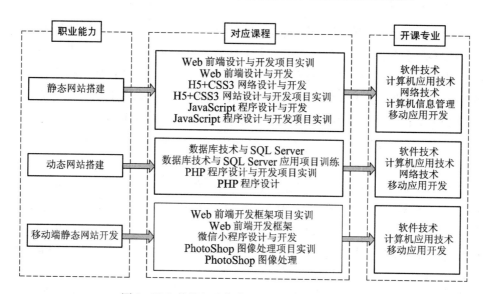

图2 2019级人才培养方案中的实践进程表和理论课程安排表截图

职业能力	对应课程	开课专业
静态网站搭建	Web前端设计与开发项目实训 Web前端设计与开发 H5+CSS3网络设计与开发 H5+CSS3网站设计与开发项目实训 JavaScript程序设计与开发 JavaScript程序设计与开发项目实训	软件技术 计算机应用技术 网络技术 计算机信息管理 移动应用开发
动态网站搭建	数据库技术与SQL Server 数据库技术与SQL Server应用项目训练 PHP程序设计与开发项目实训 PHP程序设计	软件技术 计算机应用技术 网络技术 移动应用开发
移动端静态网站开发	Web前端开发框架项目实训 Web前端开发框架 微信小程序设计与开发 PhotoShop图像处理项目实训 PhotoShop图像处理	软件技术 计算机应用技术 移动应用开发

图3 Web前端职业能力、课程、开课专业对应表

二、"三教"改革

以"职教二十条"提出的1+X证书制度试点工作为契机,以Web前端开发职业技能等级证书为核心,持续深化软件技术专业"三教"改革。以设立在陕西工业职业技术学院的陕西省装备制造业职教集团为桥梁,派遣教师进入前端开发企业,以工程师身份参与Web开发项目,增加教师在企业的工作经历,提升实践技术能力,提高"双师"教学实力;派遣3名以上教师参加1+X职业技能等级证书相关培训,明确国家标准及人才

培养目标,从而确定本专业 Web 前端开发方向人才培养目标(图4)。首先确定人才培养的顶层目标,然后逐层分解,确立中级目标、目标单元以及达到目标所需的能力及其相应知识要求、范围、内容和程度,并采用模块化结构保证其根据技术发展进行调整的灵活性和实用性,符合培训和评价工作不断发展的需要。培养具有良好职业道德和人文素养,掌握 Web 前、后端数据交互、响应式开发等知识,具备动态网页开发的设计、调试、维护等能力,能从事 Web 前端软件编程、软件测试、软件技术服务、智能终端界面开发等工作的中级技术技能人才。

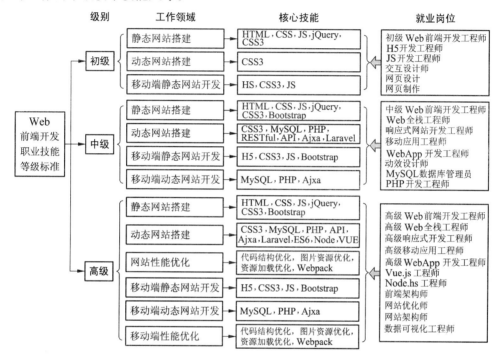

图4 Web 前端就业岗位、核心技能、工作领域对应表

以立德树人为主线,以行业、企业岗位需求为指导,立足课程教学新要求,与企业合作开发校本活页式教材,由工作岗位逆向开始,划分工作领域、梳理核心技能、确定教学内容,编写教材;形成动态化、立体化、数字化的教材编写及更新机制,实现教材每三年更新一次,使专业教材能够随着 Web 前端开发技术和产业升级情况及时调整,确保教材内容与时俱进。

建立企业课堂(图5),让企业工程师参与教学过程,实现"双导师"教学,为学生营造在岗工作的学习情境,增强学生学习兴趣;采用以学生为教学核心、以教师为指导、以项目任务完成为基础的企业项目驱动教学方式,将企业项目制作融入教学内容,通过将项目案例与教学活动有机结合,学生自主分析项目案例,按照知识点的循序渐进指引和教师引导,逐渐了解项目的应用背景,掌握需要学习的知识点,再将知识点应用在解决实际问题中;教师将德育智育融入教学任务中,深化"课程思政",全方位培养学生的职业素养和专业技术技能。

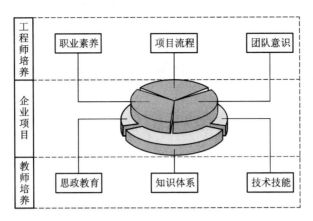

图 5　企业课堂培养模式

三、学分替换

以《国家职业教育改革实施方案》提出的 1＋X 证书制度和"学分银行"为依据,以 1＋X 制度中 Web 前端开发考核标准为基础,特制定了《陕西工业职业技术学院 1＋X 学分替换实施办法(试行)》,并在百万扩招计划中先行先试,进而在全日制教学中推广,满足企业、行业对急需技能型人才、技术型人才、复合型技术人才的需要。

对接 Web 前端开发 1＋X 职业技能等级考核中初、中级等级标准,主要替换的课程为《H5＋CSS3 网站设计与开发》《数据库技术与 SQL Server》《PHP 程序设计》等,具体替换标准如表 1 所示。

表 1　学分替换表

课程名称	考试等级	学分	成　绩
H5＋CSS3 网站设计与开发	Web 前端开发职业技能等级（初级/中级）	3	考核分抵换相应的课程分数
数据库技术与 SQL Server	Web 前端开发职业技能等级（中级）	3	考核分抵换相应的课程分数
PHP 程序设计	Web 前端开发职业技能等级（中级）	3	考核分抵换相应的课程分数

四、建成条件优良的实训基地

为对接 Web 前端开发行业标准,学校已建成软件开发、软件测试、移动互联等 5 个条件优良的实训室,硬件设备功能齐全、配置先进,CPU i7700 以上,主板为芯片组 Intel 270 以上,内存为 16GB 以上,存储空间为 512G SSD＋1T 机械,网络适配器 1 000Mbps 以上,独立显示适配器 GTX 4G 以上,分辨率不低于 1 920＊1 080 的 21.5 寸显示器,并都安装监控系统以及大数据存储服务器。每台电脑均安装了 Web 前端开发工具和环境,技术人员根据行业需求和考核要求实时更新,可容纳 500 余名学生同时开展实训,可供200余名考生同时参加考核。

为进一步强化学生技术技能,深化校企合作,学校建立了Web前端工作室,组建研发团队,筛选学生进入,联合企业共同按照企业项目流程完成企业项目。先后投资350万元建立了集服务器、教师端、学生端、工程师端工作集群,师生按照游戏开发、小程序开发、网站开发等模块组建团队(图6),每个团队按照框架设计、程序开发、UI界面设计、数据库开发等循环作业,打造全栈式前端开发工程师开发团队,从德育教育、技术技能、职业素养等方面培养前端工程师,鼓励优秀学生参加Web前端开发1+X职业技能等级证书考核。学校软件1803班闫佳轩同学获得全国第一个Web前端开发证书,证书编号:16100010022561001190000 1,受到孙春兰副总理的高度赞扬。

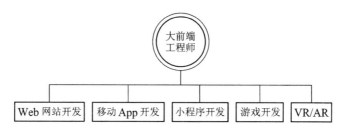

图6 项目开发小组划分

五、形成结构合理的教师团队

经过前期Web前端开发1+X职业技能等级证书试点工作,已形成一支Web前端开发职业技能等级证书试点工作方面专兼结合、结构合理、素质优良、教学水平高的结构化教师队伍。3名教师负责考务工作,3名专业教师承担考核技术支持工作。课程培训通过校企合作方式由信息工程学院专业教师和企业工程师共同承担,专任授课教师全部具有研究生学历、计算机学科中级以上职称,企业工程师全部具备较强的专业技能和丰富的企业实践经验,前期已完成了135人的培训任务,承担218人的考试管理任务(图7、图8)。

图7 Web前端开发1+X证书考核笔试现场　　　　图8 考前说明

(陕西工业职业技术学院　党佳奇)

陕西工业职业技术学院
建筑信息模型(BIM)1+X证书制度试点案例

根据《国家职业教育改革实施方案》文件要求,将学历证书与职业技能等级证书结合起来,探索实施1+X证书制度,是"职教20条"的重要改革内容,也是重大创新。陕西工业职业技术学院建筑信息模型(BIM)1+X证书制度试点工作由学校教务处组织协调并负责监督管理,建立健全组织机构,制定管理制度,强化实施管理,为1+X试点工作营造良好环境氛围,保证1+X试点工作实施效果。在试点工作中始终坚持以学生为中心,深化复合型技术技能人才培养培训模式和评价模式改革,提高人才培养质量,畅通技术技能人才成长通道,拓展就业创业本领。

一、书证融通探索与研究

1. 人才培养模式改革

在1+X证书制度引领下,学校办学模式为通过区域经济分析、行业及企业调研、同类院校交流等方式,形成专业调研报告,结合区域建筑市场人才需求,形成"学训结合、双证融通"的人才培养模式(图1)。在人才培养方案课程体系中,开设建筑信息模型(BIM)基础理论、工程管理BIM应用、BIM创新创业、BIM施工管理综合实训和建筑模型(BIM)综合实训课程(表1、表2),为学生实现职业证书培训、考核打下坚定基础,为职业院校改革与实践做了铺垫。

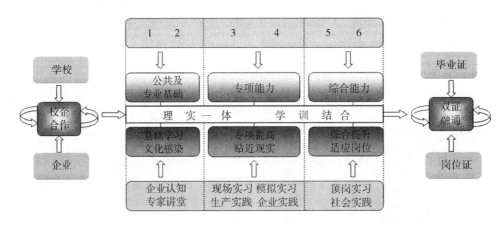

图1 "学训结合、双证融通"人才培养模式

2. 校企合作共建,产教融合发展

陕西工业职业技术学院与上海鲁班软件(BIM)股份有限公司签订校企合作战略协议,成立鲁班学院订单班(图2),一期24名学生已顺利结业,企业一期3万元奖学金已

表1 综合素质与实践教学进程表（工程管理2018-01-02班）

学年					一		二		三		合计(周数)
学期					Ⅰ	Ⅱ	Ⅲ	Ⅳ	Ⅴ	Ⅵ	
总周数					26	26	25	27	25	27	156
假期					6	6	5	7	5	7	36
学期周数					20	20	20	20	20	20	120
实践教学周数					7	5	6	6	9	20	54
课程性质	序号	项目名称	课程代码	学分	周学时数/教学周数						学时
综合素质实践课程共12学分	1	入学、安全教育	40354	0	30/1						30
	2	军训	00003	2	30/2						60
	3	素质拓展	00004	3							课外
	4	毕业教育	41231	0							课外
	5	劳动与卫生	40350	1							课外
	6	职业资格证书	00005	3							课外
	7	专项技能证书	00006	2							课外
	8	创新创业实践	00011	1							课外
专业实践课程共40学分	9	建筑工程制图与识图专用周1	07111	2	30/1						30
		建筑工程制图与识图专用周2	07354			30/1					30
	10	建筑认知实训	07040	1	30/1						30
	11	建筑构造综合实训	07112	1	30/1						30
	12	建筑材料试验专用周	07236	1	30/1						30
	13	实例工程图纸识图综合实训	07113	2		30/2					60
	14	建筑工程测量实训	07240	2		30/2					60
	15	建筑CAD实训	07058	1			30/1				30
	16	建筑信息模型(BIM)基础实训	07352	1			30/1				30
	17	网络计划编制综合实训	07123	1			30/1				30
	18	施工平面图设计综合实训	07122	1			30/1				30
	19	土力学试验专用周	07140	1			30/1				30
	20	工程招投标综合实训	07116	1				30/1			30
	21	建筑管理沙盘实训	07168	2				30/2			60
	22	BIM施工管理综合实训	07353	2				30/2			60
	23	建筑概预算综合实训	07151	2				30/2			60
	24	生产实习	01019	2				30/2			60

表2 理论教学进程表(工程管理2018-01-02班)

学年			一		二		三		合计		
学期			I	II	III	IV	V	VI			
理论教学周数			13	15	14	14	11	0	66		
考试周数			1	1	1	1	1	0	4		
上课周数			12	14	13	13	10	0	62		
课程性质	序号	课程名称	课程代码	学分	周学时/上课周					合计	讲课	实验实训
	3	形势与政策教育	06000	1	课外进行					16	16	
	4	体育1	41603	4.5	2/12					24	24	
		体育2	41604			2/12				24	24	
		体育3	41605				2/12			24	24	
	5	高等数学1	12007	6	4▲/12					48	48	Z
		高等数学2	12008			4▲/12				48	48	
	6	大学英语(A/B)1	12073	5	4▲/12					48	48	
		大学英语(A/B)2	12074		4▲/12				48	48		
	7	计算机应用基础	4030	3	4▲/12					48	24	24
	12	军事理论	12	2	课外进行					36	36	
公共选修课程	13	在学院指定人文社科、自然科学、心理健康、大学生创新创业类课程中选修6学分(其中,3、4学期,选修不少于2学分的创新创业选修课程),自主招生学生在入学报到前完成的在线课程(超星尔雅课程和在线开放课程各1学分)学习或大学生社会实践调查(1学分)按照对应学分直接计入公共选修课学分。										
专业基础必修课程共26学分	14	建筑工程制图与识图	07084	4.5	4▲/12					48	44	4
	15	建筑工程制图与识图	41620		4	4▲/12				28	24	
	16	房屋建筑构造	07181	3	4▲/12					48	40	8
	17	建筑材料	07012	3	4▲/12					48	32	16
	18	建筑工程测量	07239	3.5		4▲/12				56	48	8
	19	建筑力学与结构	07169	1.5		2/14				28	20	8
	20	装配式施工技术		3	4/12					48	48	0
	21	建筑CAD	07007	1.5			2/13			26	16	10
	22	建筑信息模型(BIM)基础	07349	3			4/13			52	26	26
	23	土力学与地基基础	07152	3			4▲/13			52	44	8

续表

课程性质	序号	课程名称	课程代码	学分	周学时/上课周					合计	讲课	实验实训
专业必修课程共24.5学分	24	施工组织设计	07024	3			4▲/13			52	40	12
	25	建筑施工技术	07018	3			4▲/13			52	44	8
	26	建筑工程招投标与合同管理	07108	3			4▲/13			52	44	8
	27	工程管理BIM应用	07350	1.5			2▲/13			26	16	10
	28	建筑概预算与工程量清单	07107	3				4▲/13		52	48	4
	29	建设项目管理	07033	1.5				2▲/13		26	16	10
	30	BIM 5D		1.5				2/13		26	16	10
专业选修课程	35	房地产经营与管理	07118	2.5					4/10	40	40	0
	37	BIM创新创业	07351	1					2/10	20	20	0
		建筑设备工程	07029									
合计				96	30	24	27	21	16	1 406	1 182	224
学期课程门数/考试课门数					8/5	8/5	8/4	8/4	5/0			

文字符号说明：▲——考试课

图2 鲁班学院订单班

发放。深入开展校企融合,共同制定人才培养模式,分析土建产业链逻辑关系,构建专业群发展理念,为企业定向培养急需技术技能型人才服务。

承办全国BIM应用技能师资培训班(图3),共计40余人参加。通过培训,使参教师具备建筑信息模型（BIM）1+X职业技能等级"建筑工程管理"方向中级证书考评授课能力，培养教师基于BIM技术进行专业课程改革，具备课证融通、书证融通的能力。

承办陕西省兴平市住房城乡建设领域企事业单位员工继续教育培训612人，承办陕西第六建筑工程集团有限公司新员工入职BIM培训216人（图4）。学校始终积极加强与企业沟通交流，及时掌握企业人才需求，为输送标准化人才奠定基础。

图3　承办全国BIM应用技能师资培训班

图4　承办新员工入职BIM培训，开展企业学习交流

组织教师积极参加全国BIM类企业师资培训（图5），确保每年培训人数达到20人，获得BIM证书累计10人左右。

图5　教师参加全国BIM类师资培训

以生产性和社会服务性为建设重点，大力建设、整合校内外实训资源，重点打造实训信息库、技能培养平台和行业产业联盟，推动土建专业群产教融合实训基地建设，服务区域经济发展（图6）。2017年，陕西省高等教育教学改革研究项目（17GY005）获准立项，相关专业参与学生累计65人。

以项目服务为切入点，分析岗位能力与技能需求，重构知识内容，对接行业标准。

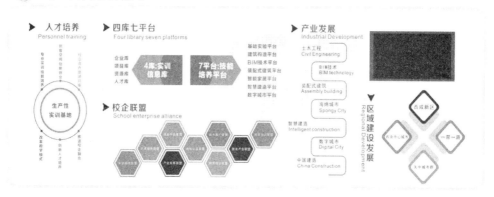

图 6　国家级产教融合实训基地

以科研平台建设为载体,以专业培训和技术服务为重点,持续增强支撑地方产业发展的服务能力(图7、图8)。

图 7　西安曲江观山悦项目场地布置及结构建模

图 8　西安曲江观山悦项目管线优化及虚拟漫游

3. 以全方位社会服务模式引领教育教学改革

与政府部门、多家知名企业深度合作,投入资金1 300万元,建成了12个校内实训室和6个校外实训基地;建成BIM实训室、BIM工作室、BIM培训基地、鲁班BIM西北地区培训中心、鲁班学院、测量企业产业联盟等生产性实训基地,有效地保障了校内教学的开展和技能培养质量,完成了大量 BIM 方面的教科研项目、社会培训项目、技术服务项目,具备了良好的生产和社会服务功能(表3)。

表3　学校开展的科研培训、社会服务一览表

序号	基础编号	基地名称	投资建设费用/万元	年份
1	精艺楼4001	建筑工程检测实训室	65.688	2017—2018
2	精艺楼4002	BIM 实训室	318	2016—2017
3	精艺楼4003	道桥工程检测实训室	119.7	2017—2018
4	精艺楼4004	工程地质实训室	32.65	2017
5	精艺楼4007	道桥认知实训室	7.15	2018
6	精艺楼4009	测量工作室	24.93	2017
7	精艺楼4011	工程项目实作实训室	54.2	2018
8	精艺楼4013	多功能建筑绘图实训室	44.68	2017
9	精艺楼4014	工程造价实训室	127.86	2017
10	精艺楼4015	多功能算量计价实训室	48.86	2017
11	精艺楼4017	建筑测量实训室	100	2016—2017
12	精艺楼4018	城轨综合运营实训室	272	2017
合计			1 215.718	

序号	基础名称	合作企业	合作方式	备注
1	BIM 培训基地	上海鲁班软件股份公司	校企共建	企业投资
2	建筑工程实训基地	陕西省十一建设集团	校企共建	企业投资
3	工程管理实训基地	陕西省六建集团	校企共建	企业投资
4	工程造价实训基地	陕西境商地产	校企共建	企业投资
5	工程测量实训基地	测量企业联盟	校企共建	企业投资
6	1 200亩(80公顷)校外基地	蓝田县焦岱镇	签约合作	企业投资

序号	合作项目	合作企业	服务方式	备注
1	西北地区鲁班 BIM 培训中心	上海鲁班软件股份公司	合作培训	培训80人次
2	鲁班学院	上海鲁班软件股份公司	合作办学	44人
3	订单班	上海鲁班软件股份公司	定向培养	24人
4	订单班	陕西境商地产	定向培养	80人
5	建筑工程岗位培训基地	陕西省教育厅	政府授权	1 400人
6	测量员培训基地认证	陕西省测绘局	政府授权	584人
7	CAD 培训认证	AUTODESK 北京总公司	行业认证	910人
8	BIM 培训认证	中国建设教育协会	行业认证	290人
9	国内高校交流		交流学习	170次

续表

序号	合作项目	合作企业	服务方式	备注
10	国际来访		交流学习	18次
11	全国鲁班BIM师资培训	校内鲁班BIM西北地区培训中心	行业培训	40人
12	工程造价技术培训	安徽水电公司	企业培训	280人次
13	咸阳地区工程造价技术培训	广联达有限公司	地区培训	300人次
14	BIM技术培训	陕西六建集团	企业培训	150人次
15	工程应用专利		自主开发	11项
16	印尼职教师资海外(中国)培训项目	教育部	国际培训	8人

4. 以学生为中心，提高技术技能应用水平

以赛促教、以赛促学，专职教师指导成立了BIM协会、CAD协会等学生社团，将行业新技术、新工艺、新标准引入人才教育培养方案之中，以学生为主体，激发学生学习的主动性，在全国职业院校技能大赛、全国BIM应用技能大赛中屡获佳绩（图9至图11）。同时，开展企业学习交流、参与工程实践项目，提升学生的专业技术技能水平，打通就业"最后一公里"。

图9　学生成立BIM协会　　　　图10　学生参加全国BIM应用技能大赛

5. 搭建BIM教学平台，深化教师、教材、教法改革

一是教师改革。学校聚焦1+X证书制度开展教师培训，重点研究以建筑信息模型（BIM）职业技能证书为新知识、新技术、新工艺、新方法的教学。积极组织教师参加BIM相关职业资格认定考核；在教学改革和专业建设中，培养专业课教师的专业技能和实训指导能力，提高教师课程开发能力和现代教学技术应用水平；重点落实"双师型"教师保障和激励机制，争取取得BIM相关证书的比例达到80%以上。

二是教法改革。学校适应职业教育新要求，采用实时互动、翻转课堂、移动学习等信息化教学模式，推动教师角色转变和创优。在学校教育中，以学生为中心，以学生为主体。通过聘请合作企业中有丰富实践经验的BIM专家、BIM技术人员担任兼职教师，

图11　学生在全国各类大赛中屡获佳绩

将课程与生产实践紧密结合起来,把企业对人才的新需求带到课堂中(图12、图13)。

图12　BIM VR实训教学

图13　虚拟仿真教学训能

三是教材改革。教材建设需要密切关注行业、企业的技术热点和发展方向,对教材及时进行更新。需要校企共同研制反映行业、企业新技术、新工艺、新流程、新规范的课程教学内容和教学标准。将BIM实体项目带入课程中,避免理论化模式,鼓励使用新型活页式、工作手册式教材,配套开发信息化资源、案例和教学项目,建立动态化、立体化教材和教学资源体系,使专业教材能够紧跟信息技术发展和产业升级步伐,做到及时调整更新。

二、试点成效

针对廊坊中科建筑产业化创新研究中心考核计划安排,学校认真研究考核文件,定期开展培训工作。经过精心组织与准备,连续两次参加建筑信息模型(BIM)1+X职业技能等级证书初级考核(图15),共计87人,通过49人,通过率达到56%,效果显著,取得了满意的成绩。

图15 建筑信息模型(BIM)1+X证书考核现场

1. 提高学生就业率及就业水平

与西北国际招标有限公司进行校企合作,为企业输送 BIM 技术人才 20 余人,为学生实习、实训、就业提供更高、更大发展空间,实现与企业优势互补、资源共享、共同发展的目标(图16)。

校企合作协议书

甲方:陕西工业职业技术学院
乙方:西北(陕西)国际招标有限公司

为充分发挥校企双方的优势,发挥高等职业技术教育服务社会、行业、企业功能,能够为企业培养更多高素质、高技能的人才,同时也为学生实习、实训、就业提供更高、更大发展空间。陕西工业职业技术学院与西北(陕西)国际招标有限公司本着优势互补、资源共享、互利互惠、共同发展的基本原则,经友好协商,就双方人才培养、实习基地建设、科学技术合作,建立"产、学、研"合作关系等方面达成如下合作协议:

图16 与西北国际招标有限公司校企合作

2. 提高学生就业质量及薪资待遇

与广联达科技股份有限公司、上海鲁班软件公司、品茗软件公司等知名企业开展深度就业合作,就业薪资待遇平均达到 5 000 元以上,远远高于同类型专业学生的就业待遇。

课证融通探索与研究是建筑信息模型(BIM)1+X证书内涵建设的核心内容,立德树人是根本,产教融合是主线。培育德技并修的高素质劳动者与技术技能人才,提高教学水平,提升人才培养质量是我们的终极目标。

(陕西工业职业技术学院 宋 祥)

陕西工业职业技术学院
智能财税 1+X 证书制度试点案例

2020 年 1 月 10 日,智能财税 1+X 职业技能等级证书考核成绩揭晓,陕西工业职业技术学院参加考证学生 45 人,其中 41 人顺利通过三科考核,证书通过率为 91.11%,通过率位居陕西省第一名,全国第十五名。据悉,本次考证在全国 27 个省、市 197 个考核站点同步举行,报名人数 12 162 人,实际三科参加考核人数 11 760 人,三科通过人数 6 748 人,证书通过率为 57.38%,陕西工业职业技术学院成绩远高于全国的平均通过率。

一、缜密统筹

陕西工业职业技术学院成为智能财税 1+X 职业技能等级证书试点院校后,学校领导高度重视,立即组建了一支由财经与旅游学院院长吴姗娜为项目负责人,党支部书记孙继龙、副院长赵利娟和教学办主任仝丹娜、实训中心主任张艳为组织协调人,会计教研室主任元媛和专业带头人李爱喜老师以及若干名骨干教师组成的项目组织实施团队,以保障智能财税职业技能等级证书培训和考证工作顺利、有力开展。

1. 合理组建教师团队

吴姗娜院长亲自组建智能财税 1+X 职业技能等级证书培训师资团队,指定会计教研室专业带头人李爱喜老师为培训主要负责人,精选理论知识扎实、实践经验丰富、业务能力强,能吃苦耐劳、认真好学的朱晓聪、牛晓侠、苏长江、常明明 4 位教师进行辅助培训。

2. 精选外派教师

2019 年 11 月,学校派出李爱喜和朱晓聪两位教师参加由中联集团教育科技有限公司举办的"智能财税 1+X 职业技能等级证书师资培训"课程学习,深入学习智能财税证书的理论知识和操作技能(图 1)。两位教师将培训所学知识及时与团队其他老师分享,以便使团队每位老师都能掌握智能财税 1+X 职业技能等级证书的培训内容。

3. 广泛宣传动员学生

从 2019 年 12 月初中联集团举行智能财税 1+X 职业技能等级证书培训第一课开讲活动开始,负责考证的团队教师就着手进行智能财税 1+X 职业技能等级证书考核的宣传、动员及培训工作。

本次考证的主要宣传对象为 2018 级、2019 级会计专业和财务管理专业学生。为两个专业、两级学生举办了智能财税 1+X 职业技能等级证书专题讲座,向学生介绍智能财税证书的作用、学习内容、学习方式等,以激发学生的学习热情,鼓励学生报名。

图 1　团队教师参加"智能财税 1+X 职业技能等级证书师资培训"

二、精准实施

(一)书证融通,落地"三教"改革

为将智能财税证书与教学相结合,学校多次组织召开专题会议,组织相关教师学习智能财税 1+X 职业技能等级标准,反复研究考证考核大纲,修订 2018 级、2019 级目前执行的人才培养方案。将智能财税职业等级证书所涉及的课程与人才培养方案中现开设的有关课程进行覆盖与置换,将学校未涉及的课程形成新方向课程;将智能财税职业等级证书所涉及的教学实训与课程中的单项实训进行融合,合并为大型综合实训,学生在综合实训中统一进行全面业、财、税一体化训练。教师在培训中一方面进行自我学习,另一方面积极探索教法、教学内容的改革途径。

(二)精心挑选

首次从会计 2018 级、2019 级 4 个试点班分别选出 75 名、95 名学生作为拟培训对象。

由于学校作为考点院校的批准文件下发得较晚(非考点院校不参加本次考证),距离考证时间只有两个星期,加之 2019 级学生尚未学习税法及财务会计等专业课程,专业基础较为薄弱,因此将培训对象锁定为 2018 级选出的 75 名学生。

经过几天的培训,培训团队教师发现部分学生缺乏耐心和认真钻研的精神,随后进行了第二轮培训学生的筛选工作,选定 50 名学生继续参加培训。经过近两周的培训,临近考核前,培训教师对 50 名学生的实操速度与质量进行了摸底和排序,对成绩落后的 5 名学生进行了具体情况分析;在综合考虑各种因素的前提下,又做了第三轮培训对象的筛选工作,最终确定 45 名学生为本次智能财税 1+X 职业技能等级证书考证对象。

培训团队教师本着认真负责的精神,进行了三轮培训对象的筛选工作,选拔出真正认真学习的学生,为最终获得较高的证书通过率奠定了基础。

(三)严格培训

详细的培训计划是提高考证成效的前提,有力的实施是考证成效的保证。2019 年 12 月 16—24 日分 3 个阶段进行了培训(图 2),每 3 天为一个培训阶段。

第一阶段:进行第一轮平台初识工作,主要是了解票天下、财天下、金税师、政务仿真系统功能及各系统之间的关系。

第二阶段:深挖平台各系统、各模块功能,学习各种业务在平台的具体操作,特别是智能财税平台各模块实训案例练习。

第三阶段:主要是提高操作速度及汇总操作过程中遇到的问题,每天进行一轮3个模块的实操练习并处理细节问题。

2019年12月25日开展模考训练,分享考核经验,处理模拟过程中出现的问题;12月26—27日进行考前知识点梳理和理论知识补充加固;12月29日正式进行考核。

培训团队教师严格执行以上培训计划,使学生能科学、循序渐进地掌握知识技能,最终达到事半功倍的效果。

图2　团队师生严格培训

(四)精诚合作

智能财税1+X职业技能等级证书培训团队教师相互学习、讨论,借助多种方式及时解决实操中遇到的各种问题(图3)。通过自身学习和对学生培训,培训团队教师不仅知识、技能得到精进,而且还增强了团队协作意识。考证最终结果也证明,培训团队教师对证书的通过率起到了至关重要的作用。本次培训任务重、时间紧,培训团队教师共奋进,拧成一股绳,合力、高效地完成了任务。

本次培训目标明确,但时间紧、任务重、压力大,学生取消了自己的各种活动,从早上8点到晚上9点,除去吃饭时间,几乎一整天都在机房练习,无丝毫怨言。其间,因一整天在机房训练,加之学生人数多,用水量大,培训团队教师及时联系教务部门解决了饮水问题。培训学生大多数是女生,偶尔会觉得很辛苦、撒撒娇,老师如同朋友、父母般安慰、鼓励她们。学生兰依格生病发烧仍坚持训练,培训团队教师体贴的问候和关心使她倍感温暖,激起她更足的训练劲头和考证信心。考核当天,为缓解学生考核压力,平复学生紧张的心情,朱晓聪老师专门到超市给同学们买来一大桶棒棒糖。同学们考核休息时,吃着朱老师的爱心棒棒糖,脸上洋溢着甜丝丝的轻松笑容。

(五)考核组织有序

1.考前培训到位

为保证智能财税1+X职业技能等级证书考核顺利进行,财经与旅游学院高度重

第十六周智能财税考证辅导课表

	星期一	星期二	星期三	星期四	星期五	星期六	星期日
8:00-12:00	教师：朱晓聪 牛晓侠 教室：精艺楼7002	教师：朱晓聪 牛晓侠 教室：精艺楼7002	教师：朱晓聪 苏长江 教室：精艺楼7002	教师：朱晓聪 牛晓侠 教室：精艺楼7002	教师：朱晓聪 牛晓侠 教室：精艺楼7002	教师：朱晓聪 牛晓侠 教室：精艺楼7002	教师：朱晓聪 牛晓侠 教室：精艺楼7002
13:00-17:00	教师：朱晓聪 牛晓侠 教室：精艺楼7002	教师：朱晓聪 牛晓侠 教室：精艺楼7002	教师：李爱喜 苏长江 教室：精艺楼7002	教师：李爱喜 牛晓侠 教室：精艺楼7002	教师：李爱喜 牛晓侠 教室：精艺楼7002	教师：李爱喜 牛晓侠 教室：精艺楼7002	教师：李爱喜 牛晓侠 教室：精艺楼7002
17:00-21:00	教师：牛晓侠 教室：精艺楼7002	教师：常明明 教室：精艺楼7002	教师：苏长江 教室：精艺楼7002	教师：苏长江 教室：精艺楼7002	教师：常明明 教室：精艺楼7002	教师：牛晓侠 教室：精艺楼7002	教师：常明明 教室：精艺楼7002

第十七周智能财税考证辅导课表

	星期一	星期二	星期三	星期四	星期五
8:00-12:00	教师：朱晓聪 常明明 教室：精艺楼7002	教师：朱晓聪 牛晓侠 教室：精艺楼7002	教师：朱晓聪 苏长江 教室：精艺楼7002	教师：朱晓聪 常明明 教室：精艺楼7002	教师：朱晓聪 常明明 教室：精艺楼7002
13:00-17:00	教师：李爱喜 苏长江 教室：精艺楼7002	教师：李爱喜 牛晓侠 教室：精艺楼7002	教师：李爱喜 苏长江 教室：精艺楼7002	教师：李爱喜 苏长江 教室：精艺楼7002	教师：李爱喜 牛晓侠 教室：精艺楼7002
17:00-21:00	教师：苏长江 教室：精艺楼7002	教师：常明明 教室：精艺楼7002	教师：常明明 教室：精艺楼7002	教师：苏长江 教室：精艺楼7002	教师：牛晓侠 教室：精艺楼7002

图3 团队教师生精诚合作

视,院长亲自主持召开考前考务培训协调会。按中联集团对考证工作的要求,认真对考核全过程工作进行了详细部署,具体涉及考核时间节点工作衔接、各环节工作及人员安排、本部门外保障工作的协调等。

2.考前安排周到

(1)检查、测试考点计算机。对考点计算机进行软硬件检查和测试,对网络配置、网速、考核安全软件进行检测和安装等。

(2)考点布置。包括准考证的打印和考号的粘贴、横幅的悬挂、全程监控录像设备、屏蔽设备的安装等。

(3)考务及监考人员安排。指定两名非培训人员监考,还安排了若干辅助考务人员。

(4)应急工作安排。配备一个应急考点,制定可能出现的各种紧急情况处理预案。

(5)外部门工作协调。按照考核要求分别与学校网络中心、保卫处、后勤处协调,确保考核当天网络顺畅,考核现场保安人员执勤和医务人员值班到位。

3.考核井然有序

考前考核工作的部署非常精细,考核当天每个环节、每位教师都能按其分工各司其职、有序衔接,加之学院各级领导高度重视,学校副院长梅创社,财经与旅游学院院长、总支书记、副院长分别到考核现场指导工作,考核秩序良好(图4、图5)。

图 4 考核组织有序

图 5 学生参加考核

三、实施成效

智能财税1+X职业技能等级证书是会计专业第一个职业技能等级证书,学校本次智能财税1+X职业技能等级证书通过率远高于全国的平均通过率。通过本次培训,不仅培养了学生的职业素养,还大大提高了学生的职业技能,同时也提升了学生的就业、创业能力。

考证结束后,财经与旅游学院积极开展了智能财税1+X职业技能等级证书试点工作专题教研活动,对培训和考证工作进行认真总结,肯定成绩、找出不足、总结经验教训,为后期提高培训水平做准备。

四、后续计划

(1)2020年,陕西工业职业技术学院将加大开展智能财税技能等级证书的培训工作力度,拟对2019级会计专业和财务管理专业有意向考证的学生进行培训,并计划组织学生参加2020年中联集团举行的多次考证。

(2)为响应国家书证融通的1+X证书制度试点工作,拟选派本专业更多教师参加2020年上半年的师资研修培训,强化师资力量,提升教师的教学实践水平。

(3)深化书证融通力度,调整人才培养方案,优化实训室建设,创造更好的实习实践条件。

(4)拟选派部分教师参加中联集团后续组织的智能财税中级、高级师资培训,做好师资队伍的"传帮带"工作。

(陕西工业职业技术学院 仝丹娜)

陕西工业职业技术学院物流管理1+X证书制度试点案例

2019年1月,国务院印发《国家职业教育改革实施方案》,提出在职业院校、应用型本科高校启动"学历证书+若干职业技能等级证书"制度试点工作,即进行1+X证书制度的探索。2019年4月,教育部等四部门联合印发《关于在院校实施"学历证书+若干职业技能等级证书"制度试点方案》,强调相关院校要将1+X证书制度试点与专业建设、课程建设、教师队伍建设等紧密结合,推进"1"和"X"的有机衔接,提升职业教育质量和学生就业能力,并确定了建筑工程技术、信息与通信技术、物流管理、老年服务与管理、汽车运用与维修技术等5个领域参与首批有关职业技能等级证书制度试点。陕西工业职业技术学院物流管理专业作为国家示范性重点专业、陕西省重点建设专业,积极申报,成为首批1+X证书制度试点院校之一,在开展物流管理职业技能等级证书培训和考核中取得了一定的成效,积累了一些经验。

一、组织实施

学校为了落实1+X证书制度,前期积极参加考核点申报、考务以及考评员培训工作,成立了由商贸与流通学院院长负责的1+X证书制度试点工作小组,小组中不仅有专业教师,还包括教学办、学工办、实训中心等职能部门人员,为1+X证书制度试点工作提供支持,保证了从宣传、动员、报名、培训到考核等一系列工作的顺利进行。

(一)准备工作

1. 成立1+X证书制度试点工作小组

在1+X证书制度试点提出之初,学校就高度重视,迅速成立了物流管理1+X证书制度试点工作小组(图1)。工作小组分工明确,商贸与流通学院院长统筹安排,实训中心组织协调,学工办、教学办全力配合,物流管理教研室具体实施。同时,物流管理教研室指定教师分别担任报名管理员、考务管理员、机房管理员、实操场地管理员以及考评员等职务。

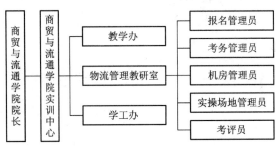

图1 物流管理1+X证书制度试点工作小组构成

2.学习政策文件及参加会议培训

一方面,学校组织教师学习《国家职业教育改革实施方案》《关于在院校实施"学历证书+若干职业技能等级证书"制度试点方案》《教育部关于职业院校专业人才培养方案制订与实施工作的指导意见》等文件;另一方面,安排教师代表前往湖南、南京、成都、徐州等地,参加物流管理1+X证书制度试点工作说明会、物流管理1+X证书职业技能等级标准(中级)宣贯及师资能力提升高级研修班、首届物流管理1+X证书制度试点导师高级研修班、全国物流管理1+X证书制度试点考核站点申报培训工作会。通过学习交流,能更好地理解、贯彻1+X证书制度试点工作精神,高质量完成物流管理技能等级证书的培训、考证工作。参加的相关会议及研修班情况如图2、图3和图4所示。

图2 教师参加物流管理1+X职业技能等级标准(中级)宣贯及师资能力提升高级研修班

图3 教师参加首届物流管理1+X证书制度试点导师高级研修班

3.准备培训资料与场地

培训教材采用由北京中物联物流采购培训中心组编写的物流管理1+X证书制度教材——《物流管理职业技能等级认证教材(中级)》(图5)。同时,根据考核对机房、实操场地的要求,一方面学校提供了培训考核专用机房,对电脑进行配置,安装考核软件;另一方面将原有的实操场地进行改造,购置相关实训设备,最终完成了培训场地的布置(图6)。

图4 教师参加全国物流管理1+X证书制度试点考核站点申报培训工作会

图5　培训教材　　　　　图6　实操场地

4.宣传动员

由于1+X证书制度试点工作刚刚开始,很多学生对物流职业技能等级证书的内涵不了解。因此,学工办、班主任以及专业教师利用前期班会、课堂多次对学生进行动员,讲解物流管理1+X证书制度试点工作的政策及重要意义。结合实习、实践课程,让学生明白物流管理证书不仅能夯实理论知识,还能提高学生实践动手能力以及职业能力,更能适应企业对专业的需求,让学生真正领会到1+X证书的实用性,从而积极参加培训,考取证书。

(二)培训

根据考核要求,工作小组制定了一套完善的培训方案,确定了物流管理1+X证书考核参培学生选拔办法,形成了学生竞争参培机制,使得学生在培训过程中能够更加认真地学习相关专业技能知识。

1.分散培训

分散培训阶段(2019年10月16日—11月15日),专业课教师为学生提供物流管理职业技能等级认证相关学习资料,并进行课堂指导及远程网络答疑。有意向考证的学生根据教材中级考核大纲要求,利用网络教学平台,自主进行职业基础和中级基础理论知识学习。后期再进行一次考试,最终确定50名学生进行集中培训。

2.集中培训

集中培训阶段(2019年11月18日—12月6日),对选拔出的50名学生进行集中训练。培训讲师以获得物流管理职业技能等级认证的教师为主、其他专业教师为辅,开展"理论+实操"集训。对此,物流管理教研室依据物流管理1+X证书考核内容,按照60课时的标准,制定了具体的培训计划(表1)。

表1　物流管理1+X职业技能等级证书培训课时分配表

教材	模块/项目	培训课时分配	培训教师
职业基础	职业道德与职业安全及环保认知	2	
	物流基础与行业认知	4	
	基本管理技能应用	2	
	物流创新与创业	2	

续表

教　材	模块/项目	培训课时分配	培训教师
专业知识（中级）	物流市场开发与客户管理	6	
	仓储与库存管理	6	
	配送管理	4	
	运输管理	6	
	物流成本与绩效管理	4	
	数字化与智能化应用	2	
实操部分	出入库作业	22	
合计		60	

(三)考核

根据全国考核标准,依照物流管理1+X考核流程,在正式考核之前,报名管理员、考务管理员、机房管理员、实操场地管理员、考评员都按时完成了相关任务。物流管理1+X证书考核流程如图7所示。

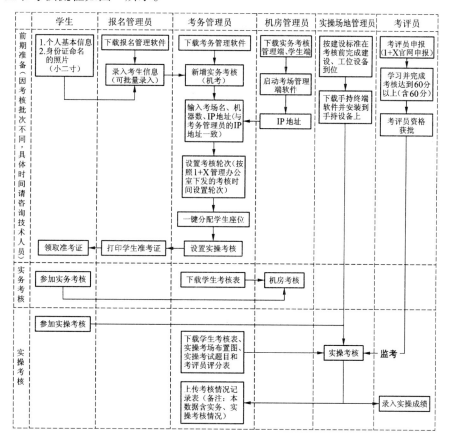

图7　物流管理1+X证书考核流程图

物流管理技能等级证书考核分为两部分,上午进行基础考核和综合应用理论考核,在机房进行;下午进行实操考核,在实训教室进行。考核当天,1+X证书制度试点工作小组成员分别负责考务、宣传、监考安排、技术支持、后勤保障、应急管理等工作。实操考核,学校聘请外校考官。整个考核过程严谨有序,考生准备充分,无缺考、作弊等现象发生,各类设备运行正常,顺利完成了考核任务。理论考核与实操考核现场情况如图8、图9所示。

图8　理论考核现场　　　　　　　图9　实操考核现场

(四)考核后续工作

考核工作结束后,按时完成了考核资料的上传、提交等任务,配合学校积极开展物流管理1+X证书制度试点工作总结反思,培训教师、考务管理和各个职能部门从不同的角度反馈整个试点工作的可取之处以及存在的问题,积极研讨对策,保障后续试点工作任务能够圆满完成。

二、实施成效

自2019年6月申报物流管理1+X职业技能等级证书试点工作以来,学校高度重视,严格按照认证流程精心组织,实行周报制度,加强监督管理,稳步推进,克服了准备时间短、教学配套资源不足、培训任务重等困难,顺利完成学生动员组织、考前培训、场地布置和认证考核等各项工作。同时,有效展现了陕西工业职业技术学院推进1+X证书制度试点工作的阶段性成果,也为后续相关工作的开展起到良好的先行示范作用。

本次物流管理技能等级证书考核共有50名学生参与,全部来自2018级物流管理专业,最终49名学生通过了考核,通过率98%,取得了良好的成效。图10为陕西工业职业技术学院物流管理专业学生取得的职业技能等级证书。

三、经验做法

目前,陕西工业职业技术学院已落实首批物流管理1+X证书制度试点工作相关要求,提升了物流管理专业学生的职业能力,取得了一些有效的经验。

图 10　学生取得的职业技能等级证书(中级)

(一)全面统筹部署,落实责任主体

物流管理 1+X 证书制度试点工作从试点申报、师资培训、学生动员、场地搭建、学生培训到考核整个过程任务繁重,如果缺乏整体规划,仅依靠个别人将无法完成。学校商贸与流通学院成立了物流管理 1+X 证书制度试点工作小组,由院长担任组长,全面领导工作,统筹安排;教学办、实训中心、学工办以及物流管理教研室共同参与,并与技术支持单位合作,从宣传到考核全过程指定专人负责,落实责任主体,保证了各个环节的工作开展得扎实有序。

(二)钻研政策文件,加强培训力度

国家自 2019 年 4 月以来相继发布了关于职业教育改革、1+X 证书制度试点工作方案和职业教育人才培养方案方面 3 个重要文件。对此,小组成员认真研读,明确 1+X 证书制度试点工作相关改革制度、工作要求、工作目标、试点内容、实施过程等,结合物流管理专业,学校开会讨论物流管理 1+X 证书制度试点工作的具体实施方案。除此之外,学校还指派物流管理专业带头人、骨干教师共 5 人参加物流管理 1+X 证书制度试点工作说明会、高级研修班,从而全面提升物流管理教师的专业、技能素养和对物流管理 1+X 证书制度试点工作的执行能力,为试点工作的顺利开展奠定了基础。

(三)扩大宣传规模,引入竞争机制

2019 年 4 月 1+X 证书制度试点工作试行以来,学生对物流管理职业技能等级证书的重要性认知有限,未能从根本上予以重视。因此,需要通过各种途径及众多方式扩大宣传规模,实现对 2018 级、2019 级物流管理专业学生的全覆盖。同时,为充分发挥该证书对于物流行业人才规范化的积极作用,引入了一定的竞争机制,让学生从思想上明白试点工作是提升学生自身能力的一种途径,只有认真学习通过初步选拔才能参加最终的考核,这不仅提高了学生学习的热情,也提高了学生的学习效率,对班级来说整体成绩也得到了提升。

(四)细化执行方案,强化过程监督

在物流管理 1+X 证书制度试点工作开展之初,工作小组就讨论制定了整体实施方案。随着试点工作的推进,在原有方案的基础上,不断完善、细化,形成从站点申报、宣传动员、培训资料购置、场地申请及布置,到培训课时和讲师确定、培训时间安排,再到考场布置、监考人安排、考核完毕收尾等全方位的执行方案。我们不仅有实施方案,也有过程监督机制。商贸与流通学院院长、实训中心主任、物流教研室主任对物流管理1+X证书制度试点工作实施过程进行检查与监督,为试点工作的稳步推进和高质量完成提供保障。

四、总结

经过几个月的努力,首批物流管理1+X证书制度试点工作圆满完成。总体来看,人员分工合理、部门配合紧密、秩序井然有序,能够按时间节点完成各项任务,对以后的试点工作有一定的指导意义。但是,也存在一些不足。第一,由于物流管理职业技能等级证书社会认可度较低,学生报考动力不足。第二,由于是首次实施,无论是教师、教材还是教法,都缺乏相应的积淀,1+X证书培训基础较薄弱。第三,由于学生在实操训练中对细节把控不好,在RF手持操作中存在一些瑕疵。我们将在下一批的培训工作中,认真解决好这些问题,将物流管理1+X证书制度试点工作做得越来越好。

(陕西工业职业技术学院　王晓伟)

杨凌职业技术学院
建筑信息模型(BIM)1+X证书制度试点案例

1+X证书制度作为"职教20条"的一项重要创新,受到党中央、国务院高度重视。杨凌职业技术学院作为国家1+X首批试点院校,从试点设立开始,学校就组织教师团队进行调研,从"建筑信息模型(BIM)职业技能等级证书制度解读、专业教师团队建设、人才培养模式修订、专业课程体系构建、教学培训设计实施"5个阶段开展工作,最终形成了一套有效的课证融通的专业(群)人才培养方案,并将1+X证书标准与工匠精神渗透到专业教育教学中,激发了师生学习技能的热情,为把学生培养成德智体美劳全面发展的高素质创新型、复合型技术技能人才而努力。

一、实施基本情况

自建筑信息模型(BIM)开始应用以来,杨凌职业技术学院就高度关注此项技术的发展与应用问题,2016年开始建筑信息模型技术方面专业教师队伍建设及校企合作共建实验室建设,多次组织教师参加培训和考证,与北京广联达科技有限公司共同组建建筑信息技术专业机房2个。

1+X证书制度试点以来,学校专门成立了建筑信息模型(BIM)1+X证书制度实施工作团队,制定了整体1+X证书制度实施工作方案和制度;组织创立了学生工作社团,促进学生对1+X证书制度的了解、认识。通过分析建筑工程各专业发展规划和师资情况,创新人才培养模式,组建证书工作教师团队,认真解读文件精神,开展师资培训,承担证书培训任务,目前杨凌职业技术学院已完成建筑信息模型(BIM)1+X证书两批次初级考试工作。建筑信息模型(BIM)在1+X证书制度试点工作中,充分借助证书培训工作,促进教师能力提升,创新人才培养方案,逐步融入课程体系,强化"X"对"1"中的职业技能、知识、素养等方面的作用,将职业能力基础培训前置到专业教育教学中,夯实学生终身学习、自主学习、职业素养和可持续发展的职业基础。

二、具体举措

(一)融入式教学

学校组织各教研室教师开展研讨,将建筑信息模型(BIM)职业技能等级证书中的职业素养、基础知识等要求融入现有课程体系、课程内容、课程学习目标中,并逐项开展探讨。通过课程置换、内容强化、内容补充、深度及广度拓展等方法进行融合,完成专业人才培养方案、课程体系、教育教学模式、教学组织与教学实施等工作。自2016年起,已将BIM建模课程作为专业必修课纳入学校建筑工程分院的5个专业人才培养方案之中;2018年,又相继增加了建筑信息模型(BIM)技术应用课程;2019年,在人才培养方案制定中将1+X证书试点按要求已融入分院全部专业人才培养方案中。

根据专业需要,积极开设与专业方向相关的BIM课程。目前已经在学校优慕课线上教学平台完成"BIM建模""钢结构BIM技术应用""BIM技术应用"等课程建设以及融入BIM技术应用的相关课程建设(图1),完成线上教学任务上千课时,学生访问量达到万余人次。

图1　开设与专业方向相关的BIM课程

同时,将BIM相关标准融合在建筑识图与构造、建筑工程施工、项目管理、工程造价软件应用等课程相关内容中,2017级、2018级建筑工程技术专业、工程造价专业已经开始进行相关内容的试点教学工作。

(二)模块式培训

根据不同专业特点,对应证书考核需求,融合现有课程内容,开展相应模块式职业技能培训,在工程造价、建设工程监理专业以中级工程管理方向为主,在建筑工程专业以结构工程方向为主,建筑设备工程技术专业以建筑设备方向为主,学生在学习完本专业方向模块外,可选修其他专业方向模块(表1)。

表1 BIM职业技能证书与专业对应表

级别	方向	对应主专业	备注
初级	BIM建模	所有专业	
中级	城乡规划与建筑设计	建筑工程技术	
	建筑设备	建筑设备工程技术	
	结构工程	建筑工程技术	
	建设工程管理	工程造价、建设工程监理	

另外,根据学生的特点分批分级进行培训,对不同年级的在校学生开展不同层次的建筑信息模拟(BIM)1+X职业技能等级证书考试培训辅导工作。针对参加初级考试的学生,主要进行软件操作培训(表2);对于参加中级考试的学生,根据学生所在专业,引导报考与专业相近的考试项目,一方面复习已经融入课程中的相关理论知识,另一方面进行软件讲解练习。充分结合不同等级考试安排不同的内容培训,将培训内容与平时课程教学相结合,以证促学,证课融通,做到考试培训与教学相互融通,内容相互搭接。

表2 BIM职业技能培训主要软件

级别	专业方向	建模软件	分析软件	动画软件	造价软件	管理软件
初级	BIM建模	Revit				
中级	建筑设计类	Revit Architecture	日照分析 绿建分析			
	结构工程类	Revit Structure	结构分析	土建施工模拟		
	建筑设备类	RevitMEP	系统分析	安装施工模拟		
	工程管理类			施工动画	BIM算量和计价	BIM 5D场地布置

(三)一体化考核

结合课程考核要求,将建筑信息模型(BIM)1+X职业技能等级证书考核和课程考核结合进行,凡取得BIM职业技能证书的学生,相关课程成绩免试或加分。2017级工程造价专业BIM建模课程考试采用"证书选拔考试+一般考试"的方式进行。通过证书选拔考试的学生本门课程免试,成绩定位于良好以上。未通过证书选拔考试的学生,成绩定位于中等以下。

三、培训考核情况

2019年下半年专门组织开展建筑信息模型(BIM)1+X职业技能等级证书考前培训辅导工作,分3个批次共计培训500余人。

2019年11月23日,组织全国首次建筑信息模型(BIM)1+X职业技能等级证书考核,共组织校内83名考生参加了本次考核,通过人数为44人,通过率为53%。

2019年12月21日,组织全国第二次建筑信息模型(BIM)1+X职业技能等级证书考核,共组织校内164名考生参加了本次考核,通过人数为104人,通过率为63%。

四、试点工作经验

(1)针对在校学生多次召开1+X证书制度试点建筑信息模型(BIM)证书宣讲会,从而营造良好的试点氛围。

(2)组建的教师团队每周进行教学培训研讨,相互交流工作经验,提升每位教师的教学培训能力,同时多次开展学校内部教师汇报讲课,让全校所有教师都能参与1+X证书制度的教育教学工作。在教师团队中选取优秀教师对学生开展证书培训工作。

(3)通过开放BIM实验室,满足学生晚上、周末练习备考需要。

(4)采用线上线下混合式教学,学生自主练习和集中辅导相结合的方法,有效提高学生学习的效果。

(杨凌职业技术学院　王　锋)

杨凌职业技术学院
物流管理 1+X 证书制度试点案例

一、实施背景

1+X 证书制度于 2019 年在《国家职业教育改革实施方案》中首次被提及,该方案明确提出在职业院校、应用型本科高校启动"学历证书+若干职业技能等级证书"制度试点工作。1+X 证书制度是基于我国经济社会发展的大背景和职业教育面临的困境提出的,其最终目的在于保障学生兼具专业知识、职业素养和多种职业技能,从而提高其就业创业能力,全面促进国家和社会经济发展。1+X 证书制度不同于"双证制度",其以社会需要为导向,以行业评价组织制定的新标准为依据,深化产教融合,但职业技能等级证书不是学生毕业的硬性条件,减轻了职业院校教师在专业教学中由于某一职业标准的不确定性和模糊性而造成的额外工作压力。

二、实施情况

2019 年 4 月,教育部首批启动了建筑信息模型(BIM)、Web 前端开发、物流管理、老年照护、汽车运用与维修、智能新能源汽车等 6 个职业技能等级证书。文件一经公布,杨凌职业技术学院就组织相关人员对其政策进行研究,并积极联系组织方——中国物流与采购联合会,提前做好各项准备工作。同时,学校成立了以教务处处长和分院院长为组长,分院办公室人员和物流管理专业 4 位教师为成员的物流管理 1+X 证书制度试点工作小组,共同推进试点的申报、建设和学生的培训、考核工作。

(一)试点申报

陕西省教育厅关于申报第一批 1+X 证书制度试点的文件一经下发,学校物流管理 1+X 试点工作小组就开始撰写申报书。为了能够较好地把握政策和申报重点,工作小组积极和物流管理 1+X 职业技能等级证书组织方中国物流与采购联合会进行沟通。申报书分为 4 个部分,分别安排 4 位专业教师撰写。这样做的目的,一方面可以让专业教师对 1+X 证书制度有更深入的理解,另一方面也为后续的学生培训工作和"三教"改革储备师资。在工作小组的共同努力下,学校物流管理专业最终成功入选第一批试点。

(二)师资培训

1+X 证书制度是一件新生事物,需要培养一支由行政管理、实验管理和专业教师为成员组成的团队,学校先后派出各类人员共 5 人外出参加培训学习,为物流管理 1+X 证书制度试点建设和培训工作打下了良好基础。

(1)选派 1 名教师参加 2019 年 5 月于长沙举办的物流管理 1+X 证书制度试点工

作说明会,学习试点建设的政策背景和具体实施步骤,为学校物流管理1+X证书制度试点全面建设提供指导(图1)。

(2)选派2名教师参加2019年9月于哈尔滨举办的第四期中级师资培训班,学习证书培训的具体科目、内容、题型、实操步骤等(图2)。通过学习,准确掌握证书考核的具体要求和内容,这2名教师已经成为学校物流管理1+X证书培训的骨干力量。

图1　教师参加长沙试点工作说明会

图2　教师参加哈尔滨中级师资培训班

(3)选派1名专业教师和1名行政人员参加2019年10月于徐州举办的考核站点申报培训工作会,学习考核站点建设标准、考务系统使用等内容(图3)。回校后,这名专业教师就负责实操场地的布置工作,行政人员负责学生报名、考务系统安装、调试等,为之后物流管理1+X证书制度成为常态化工作储备了师资。

图3　教师参加徐州考核站点申报培训工作会

(4)参加哈尔滨师资培训的2名教师于2019年10月开始在教研室对培训团队的其余2名教师进行了理论和实操内容的培训,确保4名核心团队教师具备一流的理论和实操技能,保证对学生培训的质量,同时也提高了专业教师的业务素质,为"三教"改革打下坚实基础。

（三）考核站点建设

根据组织方考核站点建设要求，学校物流管理实训室符合实操考核硬件要求（图4），VBSE实训室符合理论考核要求（图5）。对于缺少的设备，学校进行了紧急采购，采购摩托罗拉手持6部、海康威视监控系统3套和其他训练及考核所需耗材若干。最终学校顺利通过了考核站点验收，成为全国首批考核站点。

图4　实操考核场地

图5　理论考核场地

（四）专业人才培养方案和课程融通

（1）人才培养方案修订。物流管理1+X证书制度试点工作小组4次召开研讨会，报请学校专业建设委员会修订了2019级物流管理专业人才培养方案，将物流管理专业人才培养标准和物流管理1+X职业技能等级证书标准进行初步融合，力求培养的人才符合市场需求。

（2）课证融通。重构课程体系，将物流管理1+X职业技能等级证书的内容分解，分别和理论课程体系中的采购管理、仓储管理、配送管理、运输管理、物流成本运作等课程融合，同时将证书所需实操内容融入实践教学体系中。

（五）学生培训

按照证书培训要求，教务处批准购置了中级培训教材，同时制定了经济与贸易分院物流管理1+X证书制度试点培训工作计划并编排了培训课表（图6）。物流管理职业技能等级认证考核分为理论和实操两部分，因此培训计划也分成这两部分。为了保证培训效果，将理论课分为两个班次上课。理论考核又分为基础考核和综合应用考核两部分，教学团队根据团队成员所带课程将内容分配4位教师讲解。教学团队做了详细的工作计划和课程表，利用周一及周五下午、周一到周四的晚自习时间进行理论课讲授，利用周末进行实操课训练。综合应用考核由6道大题组成，4位教师分别用专题的形式进行讲解，确保每个学生都能理解并掌握。2019年11月25日—12月5日，将96名学生进行了集中强化训练，利用每天的1~6节和9~10节课进行真题、测试题和系统模拟题训练。

	A	B	C	D	E	F	G	H	I	J	K	L	M	N	O	P	Q	R	S	T	U	V	W
1	物流管理"1+X"证书培训课表																						
2	课程	星期	星期一					星期二					星期三					星期四					
3	教师	节次																					
4	班级																						
5	分院	班级	1-2	3-4	5-6	7-8	9-10	1-2	3-4	5-6	7-8	9-10	1-2	3-4	5-6	7-8	9-10	1-2	3-4	5-6	7-8	9-10	1-2
6		物流																					
7		18022、24																					
8					基础、中级	中级					基础、中级	基础、中级					中级					中级	
9		51			B2-1-01	B2-1-01					B2-1-01	B2-1-01					B2-1-01					B2-1-01	
10		物流																					
11	与资源	18023																					
12					中级	基础、中级					中级	基础、中级					中级					中级	
13		45			B2-3-01	B2-3-01					B2-3-01	B2-3-01					B2-3-01					B2-3-01	
14																							
15																							
16																							
17																							

图6　物流管理1+X证书培训课表

（六）考点布置

严格按照组织方的要求进行考场布置，设立了醒目的标志和横幅，制作了考评员、监考等胸牌（图7）。

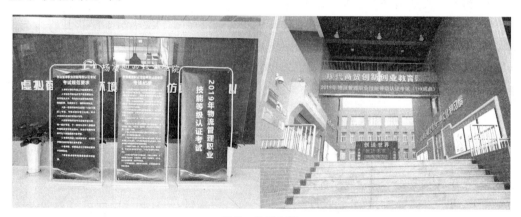

图7　考场布置

（七）考务工作

考务人员完成了96名学生的信息录入、报名、准考证打印，120台电脑系统安装，考试设备采购，实操场地布置等工作；安排了8人次2天的监考事宜，顺利地完成了96名学生的理论和实操考核工作（图8、图9）。

（八）证书通过情况

经过2个多月的培训和强化训练，学校共有96名学生参加考核，其中，90人通过考核，考证通过率为93.75%。

图 8　理论考核现场　　　　　　　图 9　实操考核现场

三、经验做法

（1）成立管理部门和教研室共同参与的项目团队，各司其职。管理部门负责站点建设、考务工作，教研室负责实操考场布置和理论知识培训。

（2）派出不同教师参与组织方举办的各类培训会，以点带面，快速完成 1+X 成为常态化工作后的师资储备。

（3）对学生进行 1+X 证书政策宣讲，让学生从思想上认识到该证书对其学习、工作的重要性，提高学习的主动性和积极性。从实施效果来看，由于前期动员较充分，学生在接受培训过程中学习的自觉性很强。尽管培训占用了学生周一、周五下午和周一至周四晚上以及周末的时间，但是除了个别学生周末请过假外，其余学生都能保质保量参加培训，93.75% 的通过率也印证了这一点。

（4）培训团队教师需要吃透培训的内容，可以通过外派和在校集中研讨的方式进行学习。同时，培训教师要联合辅导员共同严抓上课纪律和习题练习。

（5）工作小组需要定期进行研讨，在进行 1+X 证书制度的各项工作时，需要对人才培养方案进行修订和课程改革，做到人才培养标准和 1+X 标准相融合，课证融通。同时提升专业教师的业务能力和市场融合力，潜移默化地进行"三教"改革。

四、存在问题

（1）证书考核所需场地不足，学校物流管理实训室场地偏小，本次实操只是手持操作，勉强可以实施。按照证书考核未来的趋势，会增加系统操作、设备操作等环节，这样一来，实训场地就无法承担实操考核任务，实训场地问题亟待解决。

（2）此次考务工作、考点设备采购以及专业培训均由专门人员负责。

（3）组织方需要提升考核工作的严肃性、纪律性。

（4）学校没有相应的培训费用依据，培训团队教师虽然都能够勇担重任，但这不是长远之计，学校需要出台专门的培训课时费政策。

(5)尽管提倡课证融通,但还是需要对学生进行一段时间的集中培训。

五、解决思路

通过本次1+X证书制度试点,对学校物流管理专业人才培养方案制定、课证融通和"三教"改革等起到了积极的推动作用,有利于强化实践技能的培养,为物流事业培养更多的高素质技术技能型人才。

(1)学校物流管理实训室不能满足证书实操考核要求,存在场地偏小的突出问题,计划完成物流管理实训室的搬迁和扩容升级工作,以满足考核站点的建设要求。

(2)在培训本校学生的同时,积极吸纳企业员工进行培训和考试,逐步将1+X证书培训作为一项常态化工作。

(3)提升培训团队的师资水平,可通过外派专业教师参加组织方举办的师资培训班和教研室内部研讨方式进行。

(4)对参与1+X证书培训的教师在工作量上给予适当激励。

(杨凌职业技术学院　卫玉成)

杨凌职业技术学院
智能财税 1+X 证书制度试点案例

一、组织实施情况

杨凌职业技术学院获批智能财税 1+X 职业技能等级证书试点院校后,学校领导高度重视,立即指定经济与贸易分院作为牵头院系组建智能财税证书制度试点项目组。项目组以经济与贸易分院院长为项目负责人,财会教研室专业教师为项目组成员,开展了智能财税职业技能等级证书的培训和考证工作,负责智能财税 1+X 职业技能等级证书试点专业教育教学改革及试点工作的规划、指导、检查、评价,组织开展校内外人才培养和学员培训工作。

（一）师资培训方面

先后委派财会教研室 4 名专业骨干教师参加智能财税 1+X 证书制度试点工作说明会、智能财税职业技能等级证书试点教材编写及修改研讨和师资研修培训班,其中 2 名教师被智能财税职业培训评价组织聘为智能财税职业技能等级证书培训导师,入选智能财税技能等级证书"种子"师资库,受邀为智能财税 1+X 职业技能等级证书陕西师资培训班授课(图 1 至图 6)。通过深入学习 1+X 证书制度试点文件精神,学习智能财税职业技能等级证书标准、培训大纲、教材及培训方法等,研讨下一步试点工作安排,根据试点要求在组织建设、师资建设、培训实施、教学改革等方面,为全面推动试点落地进行了扎实的准备工作。

图 1　教师参加智能财税 1+X 职业技能等级证书教材研讨会

（二）书证融通方面

1. 修订人才培养方案

做好会计等专业教学标准和智能财税职业技能等级标准的对接。按照职业技能等级标准和专业教学标准要求,对会计等专业的职业面向、培养目标、培养规格、毕业要求

聘书

兹聘请　吴灵辉　担任中联集团教育科技有限公司“智能财税职业技能等级证书”（初级）培训导师，聘期两年（2019年9月—2021年8月）。

此聘

中联集团教育科技有限公司

二〇一九年九月二十九日

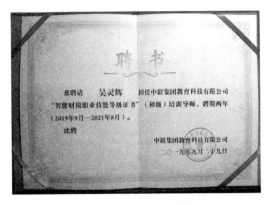

图2　教师被评价组织聘为智能财税职业技能等级证书培训导师

中联集团教育科技有限公司

邀请函

尊敬 杨凌职业技术学院 学院：

为了加强职业院校对《国家职业教育改革实施方案》中“学历证书+若干职业技能等级证书”制度试点工作的认识和理解，进一步推进陕西省“1+X”智能财税职业技能等级证书试点年度考评工作，加强试点院校相关工作经验交流，我公司决定在西安召开“陕西省2019年“1+X”智能财税职业技能等级证书试点评价及考试工作师资研修培训班”，现诚邀贵学院 吴灵辉 老师担任此次研修班的老师，并参与研讨，时间是2019年11月13日至22日。

专此致函，望给予支持。

中联集团教育科技有限公司

2019年11月6日

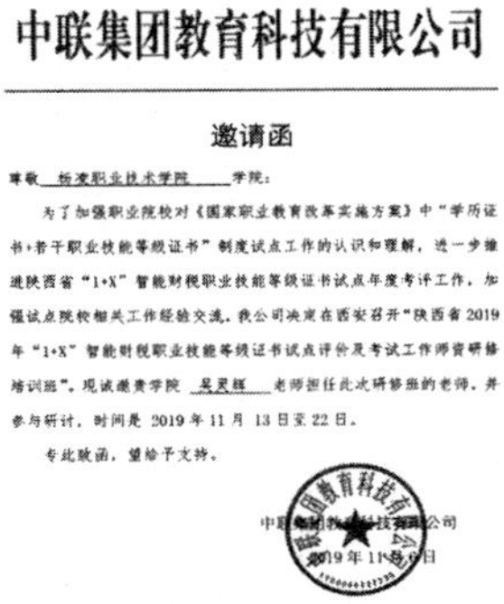

图3　教师受邀参与陕西师资研修培训授课

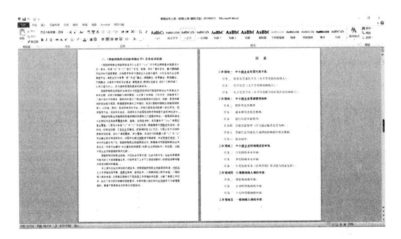

图4　教师参与智能财税职业技能等级证书试点教材编写工作

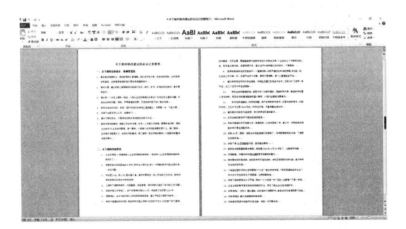

图5　教师参与智能财税职业技能等级证书试点教材修改工作

图6 专业骨干教师参与编写的智能财税职业技能等级证书试点教材封面

等专业人才培养关键要素进行全面梳理、科学定位,重构"1"与"X"深度融合的专业人才培养方案。

2. 重构课证融合课程体系

在分析现有教学内容的基础上,确定已经纳入教学的和将来能够在教学中完成的职业技能等级标准内容,然后将标准内容转化为若干门专业(核心)课程并纳入专业课程体系,或转化为若干教学模块纳入部分专业(核心)课程教学内容,融入专业人才培养方案和课程体系中,每个专业需根据证书要求制定若干门专业课程标准(表1)。

表1 书证融通探索情况

职业技能等级标准				专业教学标准
教材名称	工作领域	典型任务数量	推荐学时	课程名称
社会共享初级代理实务（上册）	1.中小微企业发票代理开具	3个	8	纳税实务
	2.中小微企业票据整理	6个	6	财务会计基础、纳税实务
	3.中小微企业财税规范性审核	3个	8	财务会计基础、纳税实务
	4.小规模纳税人税收申报	3个	8	纳税实务
	5.一般纳税人税收申报	4个	10	纳税实务
社会共享初级外包服务（中册）	1.票据外包服务	4个	10	企业财务会计、纳税实务
	2.财务核算全外包服务	6个	28	会计信息系统应用
	3.纳税申报全外包服务	3个	10	纳税实务
	4.工资及社保外包服务	3个	8	企业财务会计、纳税实务

续表

教材名称	职业技能等级标准			专业教学标准
	工作领域	典型任务数量	推荐学时	课程名称
社会共享初级企业管家（下册）	1. 企业设立、变更和信息公示	5个	8	创新创业教育
	2. 资金管理	2个	4	出纳业务操作
	3. 税务管理	4个	10	纳税实务
	4. 人力资源与五险一金	3个	8	创新创业教育
	5. 资质证照业务	2个	4	创新创业教育
	6. 企业秘书	3个	6	创新创业教育

（三）学生培训方面

智能财税职业技能等级证书是国家启动1+X证书制度试点工作以来财经类专业的首个1+X证书。经济与贸易分院一直以来密切关注并积极申报试点，深入探讨职业技能等级证书与人才培养方案的对接和实施，切实探索通过智能财税职业技能等级证书的培训与考核提升学生业务水平和职业素养，提高人才培养质量。为了提高本次考核通过率，本着自愿报名、免费培训的原则，在不影响学生正常课业的基础上，利用每天中午、晚上以及周末休息时间，经济与贸易分院选派2名专业骨干教师为参与试点的49名学生开展了为期3周近100课时的智能财税职业技能等级证书智能财税基础业务的校内强化集中培训，每天进行不间断地讲授、辅导、平台强化训练，通过培训提高了学生的智能财税业务水平（图7）。

图7　试点学生积极参与培训

（四）考试认证方面

根据国务院印发的《国家职业教育改革实施方案》及教育部《关于做好首批1+X证书制度试点工作的通知》等文件要求，学校教务处和经济与贸易分院高度重视1+X智能财税证书制度试点工作，完善技术保障和考务工作，连续一周加班加点进行了考场部署和考前测试，解决了大量的技术问题，确保了首次考核工作顺利进行（图8）。本次考核为智能财税基础业务初级,分为《社会共享初级代理实务》《社会共享初级外包服务》和《社会共享初级企业管家》3门课程。本次考核期间秩序井然、纪律严明,学生从容不迫、认真答题,各部门协同配合,按照相关要求完成了考务工作。

图8　承办的首次智能财税职业技能等级证书考核现场

(五)考证结果情况

首次试点考核共有49名学生参加,3门全部考核通过的学生共15人,3门全部通过率为30.61%。

(六)总结考证工作

考证结束后,积极开展了智能财税1+X职业技能等级证书试点工作专题研讨活动,总结了本次1+X证书培训考核中的宝贵经验,在专业建设、课程融入方面加强研究、不断实践,深化校企合作,提升专业建设水平,培养高素质技术技能型人才。

二、主要经验做法

通过此次培训和考证工作,总结了以下经验做法。

1. 教师外出培训和内部培训相结合

安排经验丰富的教师外出培训,学校不定期开展内部培训以提高教师的整体技能水平。

2019年9月,先期安排2名负责会计和财管专业1+X智能财税技能证书项目的专业教师去北京参加相关培训;2019年11月,派出1名专业教师前往西安接受相关培训;2019年12月,联系中联集团为所有会计和财务管理专业的教师开通了中联智能财税平台账号,便于相关教师进行网络在线学习和平台操作。

2. 书证融通方面

本次试点的智能财税1+X职业技能证书(初级)的考核模块为《社会共享初级代理实务》《社会共享初级外包服务》和《社会共享初级企业管家》,考核模块涉及的相关课程有《会计学基础》《财务会计》《会计电算化》《纳税实务》《经济法》等。虽然考核使用的操作平台学生是第一次使用,但是业务处理时所需的专业基础知识已经在相关课程中融合,比如企业经济业务的会计核算、电算化软件的基本操作原理和流程、企业纳税涉及的相关法规和税额的计算等。在考证培训过程中教师只需带领学生对这些基础知识进行梳理、回顾,总结重难点即可。

3.学生组织方面

前期通过在会计2017级、2018级共7个班级就教育部推行1+X证书制度试点的意义以及对学生就业的影响给学生做了详细介绍,加强学生对1+X证书制度试点的关注和重视程度。2019年12月2日,组织学生集体收看智能财税1+X职业技能等级证书全国第一课,由首批全球税务治理领军人才、中联企业管理集团首席财税专家、中联税务师事务所有限公司董事长、北京注册税务师协会副会长邓艳芳博士,以"智能财税,给你未来"为主题开讲,深入阐释智能财税产业新生态与职业新认知(图9)。因本次智能财税1+X职业技能证书考核人数有所限制,在前期动员的基础上,优选了49名学生参加第一批智能财税1+X职业技能证书(初级)的考核,并组建了培训考核QQ群和微信群,第一时间将试点的相关信息发布到群里,让学生及时掌握试点工作的进程安排以及和培训教师的沟通交流。

图9 学生收看智能财税1+X职业技能等级证书全国第一课

4.学生培训

因首次智能财税1+X职业技能证书(初级)的考核安排在2019年12月底,在接到中联集团的考核安排后,经济与贸易分院第一时间对考前的培训工作进行了布置,安排2名前期接受培训的专业教师负责这次考前培训,并安排实训人员进行配合,确保实训软、硬条件的正常运行,保证了培训如期开展和正常进行。因培训期间正是各班级开展集中实践实训阶段,而且中联集团给全国各参考院校划分了智能财税平台的开放时间,受到这两方面因素的限制,考前培训时间安排在两个时段,平台操作讲解和练习安排在周一至周五的16:00~18:00和19:00~21:00,专业知识整理、归纳、复习安排在周六、周日的8:00~12:00和14:00~18:00。

三、存在问题分析

总结这次智能财税1+X职业技能等级证书培训和考核工作,主要存在的问题如下。

1. 从师资培训到学生培训,时间比较仓促

前期安排了两次师资培训,因平时教师的教学任务较重,师资培训的范围还不够广、人数还不够多,后期培训时值开展正常的集中教学实习,教师既要完成正常的教学实习指导工作,还要利用课余时间进行培训。首批证书考核的时间最终确定下来比较晚,而且考前试点配套教材尚未最终成型和正式出版,从师资培训到学生培训,教材内容还在不断修订,因此只能在规定的时间段内利用给定的账号登录网络版来进行线上学习和操作,教师培训和学生练习都没有充足的时间和资源保障。

2. 学生对证书认识不足

虽然前期给学生做了一定的宣传和介绍,但毕竟1+X证书制度试点在全国还是首次开展,对于推行1+X证书制度的意义和证书将来对学生的影响,学生没有直观的感受。在就业时,各用人企业对1+X证书的接受程度现在还无法获得反馈,目前只是停留在教师的口头介绍和宣传资料中,很多学生对考证的热情不高,或者无法从根本上理解1+X证书的意义和对就业所起到的作用,导致在培训过程中有些学生不够重视,在线学习的认真程度不够,缺乏钻研精神。

四、后续试点安排

今后将持续扎实开展智能财税1+X职业技能等级证书的培训和考证工作。

(1) 深化书证融通。若有条件,可购买相应的实训平台或软件,以保证教师和学生有充分的时间进行学习和练习,也便于自主灵活地安排师生培训练习的时间。

(2) 提升师资水平。扩大参训教师的范围,或参加外出师资培训,或利用课余时间在校内组织教师内部培训,尽可能让所有专业教师都参加1+X证书师资培训试点,继续派出教师参加1+X证书的师资培训。

(3) 扩大学生培训量。逐步推广到会计专业和财务管理专业的所有学生,最好能使学生在二年级时就安排集中培训和考核。

五、持续完善试点的思路和发力点

通过首次参与智能财税1+X证书制度试点,试点工作将围绕以下思路和方向结合实际持续发力并积极探索完善。

(1) 完善教师培训激励政策。对教师本人参加1+X证书师资培训,以及教师给学生进行培训给予一定的工作量认定;在"双师"素质教师认定时,可将1+X师资培训证书作为认定的标准之一;职称评定时将参加1+X师资培训纳入量化考核内容。

(2) 学生培训考核费,训练及考核环境的优化等方面学校应给予资金方面的支持。

（3）完善1+X书证融通、产教融合相关政策。试点专业应与培训评价组织、龙头企业等在制定人才培养方案、开发优质信息化资源、培育创新性教学团队、建设开放共享实训基地等方面探索开展多样化、多元化的合作,提升专业教学与培训的质量和水平。

深化校企合作,面向行业、企业技术人员,以继续教育培训、职业技能提升等形式开展职业技能等级培训,使其在获得职业技能等级证书的同时为学历提升积累学分;抓住高职扩招的有利时机,面向农民工、下岗工人及退役军人,在做好学历教育的基础上,灵活开展职业技能等级培训,提升其知识技能水平和就业创业本领。

（4）完善行业、企业教师聘用机制,可聘用企业兼职教师参与水平能力授课辅导。加强校外兼职教师的聘任,引进培训评价组织培训教师或行业、企业兼职教师,优化师资队伍结构,全面提高专业师资团队的教学与培训能力。

（5）加强学生宣传工作,能够依托1+X证书内容设计相应的比赛项目。

（杨凌职业技术学院　张军平）

杨凌职业技术学院
工业机器人应用编程1+X证书制度试点案例

一、1+X证书制度出台背景

2019年1月24日,国务院发布关于印发国家职业教育改革实施方案的通知,这就是《国家职业教育改革实施方案》(国发〔2019〕4号,简称"职教20条")。按照该方案的要求,经国务院职业教育工作部际联席会议研究通过,同意在职业院校开始实施"学历证书+若干职业技能等级证书"制度试点,并制定了工作方案。2019年4月10日,教育部等四部门印发了《关于在院校实施"学历证书+若干职业技能等级证书"制度试点方案》(教职成〔2019〕6号)的通知,对1+X证书制度试点工作提出了具体的目标和任务。2019年11月9日,《教育部办公厅 国家发展改革委办公厅 财政部办公厅关于推进1+X证书制度试点工作的指导意见》(教职成厅函〔2019〕19号)发布,对于积极稳妥地推进1+X证书制度试点工作提出了更加详细的指导意见。2019年9月12日,教育部职业技术教育中心研究所发布了《第二批1+X证书制度试点工作有关事项说明》《工业机器人应用编程职业技能等级证书有关试点事项说明》《第二批1+X证书制度试点职业技能等级标准》3个文件,规定了工业机器人应用编程1+X职业技能等级证书对应专业、试点院校申请条件、试点院校实训设备要求,工业机器人应用编程职业技能等级标准等内容。2019年10月25日,教育部职业教育与成人教育司发布《关于扩大1+X证书制度试点规模有关事项的通知》(教职成司函〔2019〕98号),提出"符合试点工作条件的院校均可参与,以学生自愿参与为基础,合理确定试点规模,不做规模限制"的意见。2019年11月13日,教育部职业教育与成人教育司发布《关于印发〈1+X有关经费使用情况座谈会会议纪要〉的通知》(教职成司函〔2019〕102号),对1+X经费的来源、中央奖补资金分配标准和使用范围、师资培训收费标准等做出了明确的规定(图1)。

二、积极申请1+X证书制度试点

2019年9月7日,杨凌职业技术学院机电工程分院院长龙建明和工业机器人技术专业带头人何国荣参加了工业机器人操作与运维1+X证书制度研讨会(山东济南);9月19日,机电工程分院向陕西省教育厅提交了陕西省第二批1+X证书制度试点申报表,申报工业机器人应用编程1+X证书和工业机器人操作与运维1+X证书2个试点;10月12日,教育部职业技术教育中心研究所发布了《关于第二批1+X证书制度试点院校名单的公告》,杨凌职业技术学院成为工业机器人应用编程1+X证书试点单位,为陕西省内5所职业院校之一(图2)。

图1　国务院、教育部等出台的1+X证书制度试点指导性文件

三、积极参加1+X证书制度试点前期准备工作

为了更好地开展1+X证书制度试点,在机电工程分院院长龙建明的带领下,机电工程分院积极参与1+X证书试点的前期准备工作。

2019年9月6日,龙建明和何国荣参加了在济南召开的1+X职业技能等级证书试点工作解读及调研研讨会;9月21日,龙建明和何国荣参加了在苏州工业职业技术学院

当前位置： 中国职业教育与成人教育网 > 新闻中心 > 重要新闻

关于第二批1+X证书制度试点院校名单的公告

发布时间：2019-10-12 13:52　来源：教育部职业技术教育中心研究所

【字体：大 中 小】　打印本页　关闭

教职所〔2019〕257号

关于第二批1+X证书制度试点院校名单的公告

根据《关于做好第二批1+X证书制度试点工作的通知》（教职成司函〔2019〕89号）要求，近期各省级教育行政部门对各区域符合条件的申报院校进行了备案，教育部职业技术教育中心研究所对各区域备案名单进行了汇总。经与各培训评价组织、省级教育行政部门沟通确认，确定参加电子商务数据分析职业技能等级证书试点院校375所，网店运营推广职业技能等级证书试点院校570所，工业机器人操作与运维职业技能等级证书试点院校397所，工业机器人应用编程职业技能等级证书试点院校325所，特殊焊接技术职业技能等级证书试点院校155所，智能财税职业技能等级证书试点院校468所，母婴护理职业技能等级证书试点

ae.com.cn/zgzcw/zyxw/201910/e2b5a8fd1ff54cb0ada1e07d486ddee2.shtml

关于第二批1+X证书制度试点院校名单的公告重要新闻 中国职业教育与成人教育网 - 中国职成教育研究第一门户

院校241所，传感网应用开发职业技能等级证书试点院校303所，失智老年人照护职业技能等级证书试点院校156所，云计算平台运维与开发职业技能等级证书试点院校288所。现将试点院校名单（见附件）予以公告。

第二批1+X证书制度试点院校名单

27	陕西	工业机器人操作与运维（8）	陕西国防工业职业技术学院
			宝鸡市渭滨区职业教育中心
			眉县职业教育中心
			长武县职业教育中心
			兴平市职业教育中心
			汉阴县职业技术教育培训中心
			陕西省电子信息学校
			山阳县职业教育中心
		工业机器人应用编程（5）	陕西工业职业技术学院
			杨凌职业技术学院
			西安航空职业技术学院
			陕西机电职业技术学院
			西安铁路职业技术学院

图2　第二批1+X证书制度试点院校名单

召开的工业机器人应用编程1+X证书制度试点工作说明会；9月23日，何国荣参加了在苏州汇博机器人技术股份有限公司召开的工业机器人应用编程1+X证书制度试点工作专家研讨培训会。经过综合考察和实地调研，10月17日，机电工程分院向1+X证书制度试点组织和管理单位赛育达公司提交了工业机器人应用编程1+X证书试点考核点建设意向，申请成为考核点。11月6日，龙建明和何国荣参加了在陕西工业职业技术学院召开的“工业机器人应用编程1+X证书试点实施工作会”，经过与有关部门的不断沟通、协调，1+X证书制度试点工作的前期准备工作已经基本完成(图3至图7)。

图3 教师参加工业机器人应用编程
1+X证书制度试点工作说明会

图4 教师参加工业机器人应用编程
1+X证书制度试点实施工作会

图5 教师参加1+X职业技能等级证书
试点工作解读及调研研讨会

图6 龙建明院长在研讨会上发言

图7 教师参加工业机器人应用编程1+X证书制度试点工作专家研讨培训会

四、工业机器人应用编程1+X证书试点工作任务

2019年10月15日,北京赛育达科教有限责任公司发布了《关于征集工业机器人应用编程1+X证书试点考核点建设意向的通知》(赛育达函〔2019〕7号),明确规定了考

核点的建设要求和职责任务。

杨凌职业技术学院工业机器人教学团队共有8人,团队明确了各项工作任务并落实了相关责任人,如图8所示。

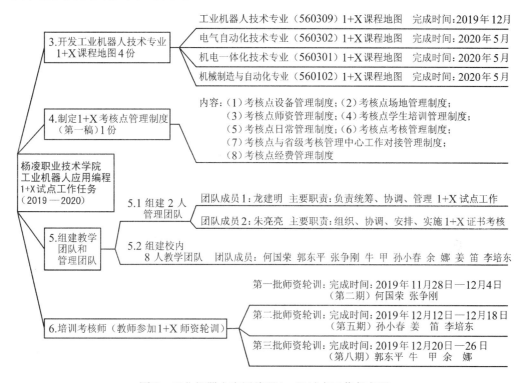

图8 工业机器人应用编程1+X试点工作任务图

学校申请的工业机器人应用编程1+X证书试点包括4个专业(工业机器人技术、电气自动化技术、机电一体化技术、机械制造与自动化),根据建设要求,机电工程分院目前已经完成任务(1)(2)(3)(4)(5)(6)(7)(13)。

(1)完成1+X证书制度试点建设实施方案。1+X证书制度试点建设方案已经基本完成。

(2)完成书证融通关系表。已经完成工业机器人技术专业书证融通关系表,其余专业(电气自动化技术、机电一体化技术、机械制造与自动化)正在梳理课程设置与教学内容,做好书证融通关系表。

(3)完成1+X课程地图。已经完成工业机器人技术专业1+X课程地图,其余专业(电气自动化技术、机电一体化技术、机械制造与自动化)正在进行课程优化调整。

(4)完成书证融通人才培养方案。已经完成工业机器人技术专业书证融通人才培养方案,其余专业(电气自动化技术、机电一体化技术、机械制造与自动化)正在进行课程优化调整。

(5)完成教学团队和管理团队建设。已经完成管理团队建设任务,教学团队由自动化教研室的8名教师组成(图9至图12)。

图9 教师参加1+X师资培训

图10 工业机器人技术专业教学团队

(6)完成培训考核师。

自动化教研室承担1+X证书制度试点任务的8名教师先后参加了工业机器人应

用编程1+X师资第2期、第5期、第8期的培训,4人次参加了1+X在线考务培训。目前,8名教师已全部轮训完毕,经过考核全部合格,获得考核师资格证书,完成了师资培训任务。4名考务工作人员经过培训,已经具备承担考务工作的能力(图13)。

图11 教学团队进行1+X教学研讨

图12 教学团队对学生进行1+X培训

五、1+X证书制度试点工作任务完成情况

根据《关于征集工业机器人应用编程1+X证书考核点建设意向的通知》(赛育达函〔2019〕7号)中规定的考核点建设意见,建设任务的完成情况如表1所示。

目前,1+X证书制度试点工作按预期进行,满足了试点要求的大部分条件,但考核场地面积和设备数量还达不到要求,这个问题暂时还没有好的解决方案。

图13 教师参加师资培训获得的证书

表1 考核点建设要求与完成情况对照表

项目	建设要求	目前完成情况	存在问题
1	具备办学许可或经营许可的法人单位	具备条件	无
2	开设工业机器人应用编程职业技能等级证书相关专业,专业开设3年以上且近3年连续招生	具备条件	无
3	具有考核、认证经验,承担的考核、认证累计不少于5 000人次	具备条件	无
4	本专业省级教学名师不少于1人	龙建明教授为省级教学名师。具备条件	无
5	可组建专、兼职教学,管理团队不少于10人,其中,管理人员至少2人	组建考核师教学团队8人,考务管理团队4人。具备条件	无
6	具有本职业技能等级标准对应的专业理论和考核场地,场地应不少于500平方米	能够使用的考核场地面积不足30平方米。不具备条件	提供500平方米考核场地
7	考核场地配备相应级别一定数量的考核设备	已有考核设备4套(尚未付款),拟继续购买6套,共计10套标准考核设备	购置10套考核设备

续表

项目	建设要求	目前完成情况	存在问题
8	经过培训后,具有本单位的考核师3~8人,且对应的企业考核师不少于2~5人	8名教师完成了师资轮训,经过考核取得考核师资格。具备条件	无
9	具有至少5家优质就业合作企业资源推荐到SED公司就业服务平台	尚未与优质合作企业建立稳固的合作关系。不具备条件	加强校企合作,发展优质就业合作企业
10	自愿参与考核中心建设,并能服从SED公司统一管理	具备条件	无

六、下一步工作目标和任务

(1)积极对接赛育达公司,按照要求和规范按时参加赛育达公司举办的各种线上线下培训。

(2)做好1+X考核设备的采购、考核场地布置工作,尽快开展1+X试点考核工作。

(3)做好2020年度的任务安排,继续优化工业机器人技术、电气自动化技术、机电一体化技术、机械制造与自动化4个专业的书证融通人才培养方案,确保1+X试点考核工作能够顺利进行。

(杨凌职业技术学院　何国荣)

西安航空职业技术学院
Web 前端开发 1+X 证书制度试点案例

2019年,国务院发布了《国家职业教育改革实施方案》(简称"职教20条"),该方案明确提出了启动"学历证书+若干职业技能等级证书"(简称1+X证书)人才培养制度试点工作。在"职教20条"的指导下,西安航空职业技术学院在软件技术专业及专业群开展了首批1+X证书制度Web前端开发试点工作。

通过对1+X证书制度的研究,软件技术专业及专业群融合"三对接",稳步推进1+X证书制度工作。"三对接",即对接1+X证书,统筹软件技术专业及专业群资源,深入研究Web前端开发等级标准与软件技术专业教学标准,将证书培训内容及要求有机融入专业人才培养方案,构建"1"与"X"深度融合的"1234"人才培养模式;对接Web前端开发等级标准,重构人才培养方案,从专业群职业面向、培养目标、课程体系、证书政策等方面全面梳理,形成新的人才培养方案;对接Web前端开发等级标准内容,深化教师、教材、教法"三教"改革,成立专业教学团队并加强专业教学团队建设,选派教师参加Web前端开发师资培训,提高教师的教学能力,在教学过程实施中形成"融熔荣"教学理念。

一、对接1+X证书,构建人才培养模式

自2019年以来,西安航空职业技术学院软件技术专业及专业群围绕服务国家需要、市场需求、学生就业能力提升,对接Web前端开发证书,开展企业调研,重新制定了软件技术专业方向和能力要求。把以往单一的Java Web项目开发培养方向,修订为Web前端开发和软件项目开发两个方向;将Web前端开发能力融入专业人才培养体系,构建了"一个中心、两个方向、三种核心能力、四个阶段"的"1234"专业人才培养模式(图1)。"一个中心"是指以学生发展为中心,"两个方向"是指Web前端开发与软件项目开发两个培养方向,"三种核心能力"是指前端开发能力、软件项目开发能力和软件测试能力,"四个阶段"是指专业基础阶段、专业提升阶段、综合项目实战阶段和创新阶段,开展特色专业建设工作。

二、对接等级标准,重构人才培养方案

要落实1+X证书制度,必须从顶层设计上做好总体规划。因此,对于软件技术专业及专业群人才培养方案的制订,首先要做好专业教学标准和Web前端开发等级标准的对接,并对标准进行系统研究,对软件技术专业及专业群的职业面向、培养目标、课程体系、毕业要求等进行全面梳理,形成新的专业职业面向、培养目标、课程体系等。经过

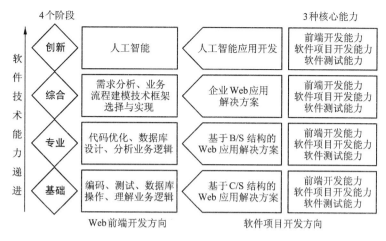

图1 "1234"专业人才培养模式

重构人才培养方案,主要修订了以下内容。

(一)职业面向

经过对软件技术专业及专业群的企业调研、研究等级标准等措施,针对职业面向,新增Web前端开发主要就业岗位,新增职业技能等级证书Web前端开发等级证书(初级、中级、高级),如表1所示。

表1 软件技术专业及专业群的职业面向

所属专业大类 (代码)	所属专业类 (代码)	对应行业 (代码)	主要职业类别 (代码)	主要岗位类别 (或技术领域)	职业技能等级证书 或其他证书
电子信息 大类 (61)	计算机类 (6102)	软件和 信息技术 服务类 (65)	计算机软件工程 技术人员 (2-02-10-03) 计算机程序设计员 (4-04-05-01) 计算机软件测试员 (4-04-05-02)	软件开发 Web前端开发 软件测试 软件技术及 专业群支持	程序员 软件工程师 软件测评师 Web前端开发职业 等级证书(初级、中 级、高级) 大数据应用开发 (Java)职业等级证书

(二)培养目标

依据软件技术专业标准和等级证书标准,把原来的"德技并修"修改为"德智体美劳"全面发展;在素质方面新增创新意识;在知识和技术技能方面新增Web前端开发知识技能;在就业面向方面新增Web前端开发就业岗位;将以往的培养"高素质技术技能人才"修订为培养"复合型技术技能人才"(图2)。

| 本专业培养思想政治坚定、德技并修、全面发展，面向软件和信息技术服务行业需要，具有专业知识能力和综合素质，掌握Java项目开发、移动互联网应用软件开发、软件测试等知识和技术技能，面向软件设计、编码、测试、销售、售后培训及维护、中小规模数据库设计、网站设计及维护、移动互联网平台软件开发应用、文档编写等领域的复合型技术技能人才，能够从事软件开发、软件测试、软件编码、软件技术支持、大数据处理等工作的高素质技术技能人才。 | ➡ | 本专业培养思想政治坚定，德智体美劳全面发展，具有一定的科学文化水平，良好的人文素养、职业道德和创新意识，面向软件和信息技术服务行业的计算机软件工程技术人员、计算机程序设计员、计算机软件测试员、大数据工程技术人员等职业群，具有专业知识能力和综合素质，掌握Java项目开发、移动互联网应用软件开发、Web前端开发、软件测试等知识和技术技能，面向软件设计、编码、测试、销售、售后培训及维护、中小规模数据库设计、网站设计及维护、移动互联网平台软件开发应用、文档编写等领域，能够从事软件开发、软件测试、软件编码、软件技术支持、Web前端开发、大数据处理等工作的复合型技术技能人才。 |

图2 人才培养目标对比图

（三）课程体系

开发等级标准融入人才培养全过程。作为试点院校，在发挥好学历证书作用的同时，夯实学生可持续发展的基础，以书证融通为主线，使学生在获得学历证书的同时，鼓励学生积极获取Web前端开发等级证书。这样可拓展学生的就业创业本领，缓解结构性就业矛盾。优化后的课程体系如图3所示。

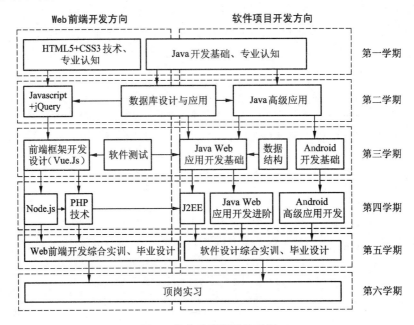

图3 优化后的课程体系图

（四）证书激励政策

软件技术专业及专业群鼓励学生积极参加Web前端开发考证。在人才培养方案中明确指出，通过Web前端开发等级可以置换相应的教学计划课程，并且可以获得相应的大学生综合素质学分。置换细则如表2所示。

表2 Web前端开发等级证书置换教学计划课程表

序号	1+X等级证书名称	置换课程名称	备注
1	Web前端开发初级证书	HTML5+CSS3技术	置换课程可随着人才培养方案修订变化
1	Web前端开发初级证书	JavaScript+jQuery	置换课程可随着人才培养方案修订变化
2	Web前端开发中级证书	数据库设计与应用	置换课程可随着人才培养方案修订变化
2	Web前端开发中级证书	PHP技术	置换课程可随着人才培养方案修订变化
2	Web前端开发中级证书	网页设计实训	置换课程可随着人才培养方案修订变化
3	Web前端开发高级证书	Vue.js技术	置换课程可随着人才培养方案修订变化
3	Web前端开发高级证书	Node.js	置换课程可随着人才培养方案修订变化
3	Web前端开发高级证书	软件编程规范	置换课程可随着人才培养方案修订变化
3	Web前端开发高级证书	Web前端开发综合实训	置换课程可随着人才培养方案修订变化

三、对接标准内容，实施"三教"改革

（一）团队建设

第一，为了更好地落实1+X证书制度，软件技术专业及专业群对当前的教学团队进行了重组，建立了"双元"教学创新团队，即"专业教师+企业专家"。本专业群现有Web前端开发专任教师11人。其中，副高及以上职称5人，讲师6人，"双师型"教师占比91%。教学团队成员在合作的基础上明确工作职责和分工，每个成员均承担一定的工作任务，并形成了团队内部的沟通制度、教研制度、会议制度等管理机制。第二，软件技术专业及专业群在教学过程中充分发挥企业的作用，大力引进企业优秀员工到校担任兼职教师。专业群在开展现代学徒制的基础上，引进行业、企业专家10人作为兼职教师（图4），占比47%，其中，Web前端开发高级工程师4人。第三，在1+X证书制度背景下，专业教学标准和职业技能等级标准融合，需要专业教师具有与行业、企业技术员工一样的职业技能，才有可能培养学生具有不同等级的职业技能。为此，软件技术专业及专业群所有专任教师必须完成每两年3个月的企业顶岗实践任务，从而提高自身的专业能力。2019年教学团队建设情况如图5所示。

图4 企业兼职教师聘书

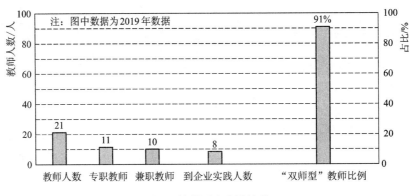

图 5 教学团队建设情况

（二）教材改革

教学内容的依托和支撑是教材，同时教材也是实施课改的重要载体。结合软件技术专业及专业群教学标准内容与 Web 前端开发等级标准内容，积极推动软件专业及专业群的国家规划教材建设。引进企业技术人员参与教材编写，把新工艺、新技术、新规划"三新"内容及时编入教材。教材形式以活页式、手册式技术应用教材为主。完成好软件技术专业及专业群的教学教材与职业技能等级证书培训教材的编写工作，重点落实职业面向岗位手册和工作手册的编写及其使用，对后期 1＋X 课程和培训工作起到了重要作用。软件技术专业及专业群 2019 年申报活页式、工作手册式教材 7 部，其中对接 1＋X 证书 Web 前端开发等级标准教材 5 部。

（三）教法改革

Web 前端开发就是通过设计、编码等将图片、声音、视频等内容，以不同的形式呈现给用户。由于这一特殊性，软件技术专业及专业群教学团队结合专业知识和等级证书内容，在现有的教学模式（例如，在线开放课程、线上线下混合式教学等）的基础上，探索出适合软件技术专业及专业群对接 1＋X 证书 Web 前端开发教学过程的"融熔荣"教学理念（图6），并将该理念融入人才培养的全过程。在提高学生知识和技术技能的同时，加强对学生的素质教育，提升学生的国家荣誉感、民族自豪感及职业认可度等，使学生在获取专业技能的同时拥有良好的道德情操。2020年，该教学理念在软件技术专业及专业群部分课程中试点，之后辐射至专业群其他课程教学改革中。"融熔荣"的教学理念如下。

1. 第一个"融"为教学方法

将 1＋X 证书 Web 前端开发等级标准内容以及职业品质融入专业群教学过程，掌握等级标准的相关知识。

2. 第二个"熔"为教学手段

在教学实施过程中，通过 1＋X 等级证书中相关国家政策、职业素养、热点视频等素材的融入，培养学生树立正确的人生观（专业）、价值观（职业）以及世界观（工匠）。

图6 "融熔荣"教学理念

3. 第三个"荣"为教学效果

通过项目制作过程添加的视频、动画、图片、文字等素材,在教学过程中让学生"潜移默化、润物无声、相得益彰",感受国家情怀和职业素养,领悟知识要点,铸就学生的国家荣誉感和民族自豪感,树立以国家为荣、以社会为荣、以职业为荣的理念,使学生在获取专业技能的同时拥有良好的道德情操。

总之,1+X证书制度设计是深化复合型技术技能人才培养模式改革的重要举措。加强软件技术专业及专业群的人才培养方案设计,做好具体规划,打造一支"德技双馨"的教师团队,将有利于拓展学生的就业创业本领,对构建更高水平的职业教育人才培养体系,搭建人才成长的"立交桥"具有重要意义。

(西安航空职业技术学院 王 艳)

陕西铁路工程职业技术学院
智能财税1+X证书制度试点案例

陕西铁路工程职业技术学院为贯彻落实国务院《国家职业教育改革实施方案》,加快推进会计专业"学历证书+若干职业技能等级证书"制度试点工作,建立了专门的1+X证书制度试点工作领导小组,统筹协调试点工作;制定了一系列保障制度;对照职业标准,修订了人才培养方案,重构了课程体系,优化了教学内容;通过内培外引教师,加强了师资队伍建设。

陕西铁路工程职业技术学院证书制度试点工作取得了一定成效,积累了一些经验。其中,学生1+X智能财税首考通过率达到80%,远高于全国平均水平的57.68%,位居全省第二,被中联集团认证为智能财税1+X证书百强院校。陈辉老师受邀参加智能财税1+X职业技能等级证书教材研讨会,被聘为智能财税1+X职业技能等级证书培训特聘导师(西北地区仅有3人),为陕西省试点院校开展1期线下师资培训,为全国试点院校开展3期线上师资培训。

一、典型做法与具体措施

(一)加强1+X证书制度试点工作顶层设计

1.建立1+X证书制度试点工作领导小组,统筹协调试点工作

为贯彻落实上级教育主管部门的有关要求,加强与培训评价组织间的协调合作,学校及时成立了1+X证书制度试点工作领导小组及工作小组,明确各小组的工作职责,具体工作责任到人,扎实推进试点工作。在领导小组的正确领导下,工作小组通力协作,顺利完成了智能财税1+X职业技能等级证书考核站点的申报,智能财税培训系统和考务管理系统的采购,1+X职业技能等级证书试点工作周报上报,30名考生报名选拔及培训等工作(图1、图2)。

图1 考核站点首次开考　　　　　图2 考前培训现场

2. 加强1+X证书制度实施配套制度建设,确保试点工作高效有序开展

学校围绕职能部门、二级学院、师生和评价组织等利益主体的诉求制定配套制度,积极营造良好的制度环境,先后制订了1+X证书制度实施方案;编制了相关经费预算,落实培训、考核的经费保障等配套制度。学校专设经费,按照每个1+X证书5 000元奖励给二级学院;按照实际培训课时给培训教师结算费用;免费组织学生培训及考试,免费给学生提供培训教材;最大限度地调动二级学院、师生的积极性,确保试点工作有序开展。

(二)修订人才培养方案,完善人才培养机制

1. 调整人才培养目标,培养适应产业升级和转型的会计人才

在互联网大数据人工智能时代,会计要从核算职能转变为管理职能并参与决策,会计类专业人才培养目标需要向全面发展的会计领域应用型创新人才发展。为适应未来产业升级和转型的需求,学校对接职业技能等级证书标准,完善课程体系、优化课程设置、创新教学评价标准,使人才培养目标更加符合职业岗位需求,实现证书培训目标与人才培养目标的深度融合。

2. 修订人才培养方案,创新人才培养模式

学校会计专业教学团队系统、深入地学习职业技能等级标准的能力要求、标准、内容、考核方式等,根据职业能力标准,修订专业教学标准。一是将证书培训内容及要求融入2019级会计专业人才培养方案中,在原有课程和综合实训模块中增加证书培训内容。二是按照证书要求重构课程的知识点和技能点,修订《经济法》《税费计算与申报》《会计信息化》等课程标准,优化教学内容,将培训教材中的案例搬到课堂,丰富课堂教学内容,提高学生的学习兴趣,进而提升考证通过率。三是精简专业课程,压缩会计核算类课程,将新增的1+X证书培训内容以选修课的方式予以补充,以便学生在学习时能够根据自己的兴趣爱好选择适合自己的课程,为证书的顺利取得提供保障(图3)。

(三)重构课程体系,整合证书培训资源和学历证书学习资源

在1+X证书制度下,学校深化课程改革,压缩《企业经济业务核算》课时,调整《经济法》《税费计算与申报》等专业课程教学内容,剔除与证书培训重复的部分,优化课程设置,形成"专业核心课程领域+专业拓展课程领域+综合实训课程领域+选修课程领域"的课程体系。将证书理论培训内容有机融入《税费计算与申报》等专业课程体系中,将证书实操培训3个模块内容置换原有综合实训学习领域中的认知实习、岗位模拟实习。在选修课程领域,增设了会计类专业第三批1+X证书培训内容,让学生根据自身的兴趣爱好自主选择学习,进而提高证书取证率。

(四)内培外引,切实加强"双师型"师资队伍建设

1+X证书制度不但对学生提出了更高的要求,而且对教师也提出了更高的要求。有鉴于此,学校采取了以下措施:一是组织新入职教师进行专题培训,定期开展教师座谈会、公开课、青年教师教学能力提升培训班等交流活动,同时发挥资深教师的"传帮带"

专业学习领域	专业基础学习领域	1	会计职业认知	06821040	B	5	90	50	40
		2	统计基础	06821034	B	1.5	30	20	10
		3	网络支付与结算	06821084	B	1.5	28	14	14
		4	财经法规与职业道德	06821004	B	1.5	28	14	14
	专业核心学习领域	1	管理会计*	06821110	B	3.5	60	40	20
		2	企业经济业务核算*	06821052	B	8.5	158	90	68
		3	经济法*	06821061	B	5.5	96	50	46
		4	会计信息化*	06821039	B	3.5	64	34	30
		5	企业财务管理*	06821050	B	5	90	50	40
		6	税费计算与申报*	06821064	B	5.5	96	56	40
		7	成本核算与管理*	06821044	B	3.5	68	30	38
	专业拓展学习领域	1	财税大数据处理	06821028	B	1.5	32	20	12
		2	Excel在财务中的应用	06821109	B	2	34	18	16
		3	线上代理记账	06821048	B	1.5	30	16	14
		4	互联网+会计技能	06821085	B	2	36	18	18
		5	数据的收集与整理	06821032	A	2	36	18	18
		6	企业财务审计	06821051	B	2	36	18	18
		7	会计专业英语	06821108	B	2	36	18	18
		8	行业会计比较	06821046	B	0.5	10	6	4
实践教学领域	综合实训学习领域	1	会计代理模块实训	01831090	C	1	24		
		2	会计外包模块实训	06831107	C	1	24		
		3	会计管家模块实训	06831105	C	2	48		
		4	跟岗实习	06831103	C	4	96		
		5	毕业设计	01831075	C	5	120		
		6	顶岗实习	01831077	C	17	408		
	选修学习领域	1	智能财税初级基础业务	06821098	B	1	20	20	
		2	智能财税操作系统	06821041	B				
		3	业财一体信息化	03821065	B				
		4	企业财务分析	06821092	A				

图3　2019级会计专业人才培养方案(节选)

作用。二是严格落实到企业实践管理制度,8名会计专任教师每5年为一周期到企业或生产服务一线实践时间累计不少于6个月,每年至少累计1个月到企业实践,并将到企业培训实践纳入职称评审体系以及"双师型"教师评价体系。三是通过校企合作企业引入企业专家,结合校内教师授课。四是加强对专业骨干教师的培养,先后选派4名骨干教师赴国外和中国台湾研修(图4至图7);积极组织教师参加国培、省培、"X"证书等相关培训,8名教师先后赴北京、西安等地参加智能财税证书培训(图8)。

二、成效与反响

1.学校被中联集团认证为智能财税1+X证书百强院校

经过选拔与培训,学校会计专业从98名报名学生中选取30名学生参加智能财税1+X证书首考,通过率达到89%,远高于全国平均通过率57.68%,学校被中联集团认证为智能财税1+X证书百强院校(图9、图10)。

图4 叶超老师赴新加坡培训证书

图5 张月芳老师赴德国培训现场

图6 谌伟老师赴德国培训证书

图7 陈辉老师赴中国台湾培训证书

图8 教师参加培训

2. 师资实践能力提升

陈辉老师受邀参加智能财税1+X职业技能等级证书教材研讨会,被聘为智能财税1+X职业技能等级证书培训特聘导师(西北地区仅3人),为10余所陕西省试点院校开展线下师资培训(图11)。在中联集团教育科技有限公司免费的三期智能财税网络培训中,陈辉老师受聘为线上师资培训班授课教师。同时,学校其他3位会计专业教师也积极参加了此次的线上师资培训。

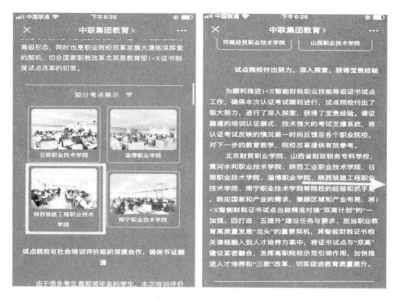

中联集团教育 >

高级形态，同时也是职业院校改革发展大演练深探索的契机，切合国家职教改革尤其是教育部1+X证书制度试点改革的初衷。

部分考点展示

日照职业技术学院

淄博职业学院

陕西铁路工程职业技术学院

南宁职业技术学院

试点院校与社会培训评价组织深度合作，确保书证融通

由于很多考生是即将毕业的学生，本次培训评价

中联集团教育 >

河南经贸职业技术学院

山西职业技术学院

试点院校付出努力，深入探索，获得宝贵经验

为顺利推进1+X智能财税职业技能等级证书试点工作，确保本次认证考试顺利进行，试点院校付出了极大努力，进行了深入探索，获得了宝贵经验。课证融通的培训认证模式、技术强大的考试支撑系统，将认证考试反映的情况第一时间反馈至各个职业院校，对下一步的教育教学、院校改革提供有效参考。

北京财贸职业学院、山西省财政税务专科学校、黄河水利职业技术学院、陕西工业职业技术学院、日照职业技术学院、淄博职业学院、陕西铁路工程职业技术学院、南宁职业技术学院等院校的经验和抓手，响应国家和产业的需求，兼顾区域和产业布局，将1+X智能财税证书试点当做精准对接"双高计划"的"一加强、四打造、五提升"建设任务与要求、担当职业教育高质量发展"龙头"的重要契机，将智能财税证书相关课程融入到人才培养方案中，将证书试点与"双高"建设紧密融合，发挥高职院校示范引领作用，加快推进人才培养和"三教"改革，切实促进教育质量提升。

图 9　媒体对学校相关情况的报道

1+X智能财税证书2019年认证百强院校公告

财经教育荟　中联集团教育　1月20日

1+X《智能财税职业技能等级证书》（初级）首次全国认证考试，于2019年12月28日至29日举行。报名12162人，院校215所，实考11761人，全科通过率为57.68%。

试点院校及相关院校纷纷表示，本次认证考试反映出五大特点：一是基于真实业务典型场景开展在线实测考评，有利于测评新型财税能力，提升职业教育质量和学生就业竞争力；二是考试系统功能强大，考试体验全新智能，培训服务系统完善，有利于激发学生学习兴趣，促进教学方式和学习方式转变，促进育训模式改革；三是证书课程内容及要求有机融入院校人才培养方案、专业标准、课程设置、教学体系，有利于构建基于"课证融通"的课程体系，促进书证融通；四是考核评价及时反馈，影响院校专业建设、课程建设、教师队伍建设，有

中联集团教育 >

金华职业技术学院	高职	浙江省
合肥财经职业学院	高职	安徽省
日照职业技术学院	高职	山东省
广东农工商职业技术学院	高职	广东省
宁波职业技术学院	高职	浙江省
上海济光职业技术学院	高职	上海市
陕西铁路工程职业技术学院	高职	陕西省
乌鲁木齐职业大学	高职	新疆维吾尔自治区
无锡商业职业技术学院	高职	江苏省
海南经贸职业技术学院	高职	海南省
浙江工业职业技术学院	高职	浙江省
内蒙古交通职业技术学院	高职	内蒙古自治区
南京铁道职业技术学院	高职	江苏省
丽水职业技术学院	高职	浙江省
安徽商贸职业技术学院	高职	安徽省
福建林业职业技术学院	高职	福建省
威海职业学院	高职	山东省

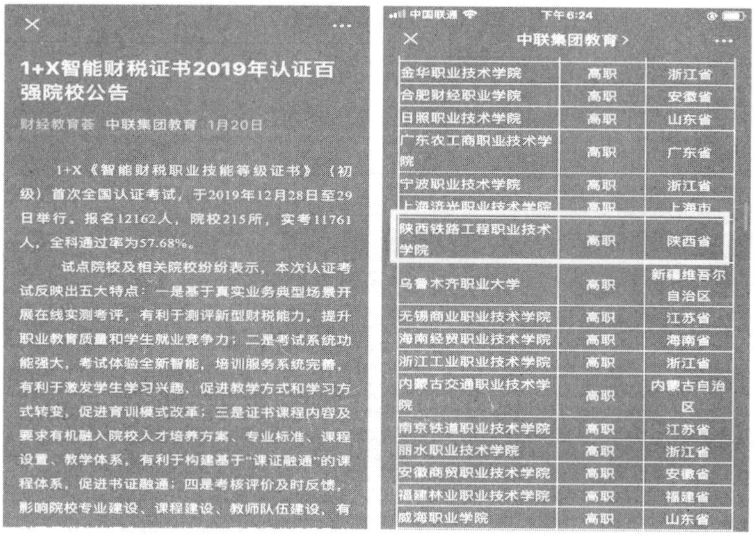

图 10　学校被中联集团认证为智能财税 1 + X 证书百强院校

3. 深化产教融合，促进校企合作

学校根据自身特点和人才培养需要强化实践教学，积极与当地政府、企业建立产教融合供需对接机制，如发展现代学徒制，大力开展中铁三局财务共享订单班、新道产业学院建设等。在 1 + X 证书的落实上，学校充分利用自身优势，结合行业经济发展和人才需求，大力开发中国中铁、中铁建等公司财务人员岗前培训、共享中心系统等培训课程，拓展授课对象，面向本校学生和本地社会人员进行培训，从而促进了职业教育和产业的有机融合。

图 11　陈辉老师受聘聘书

三、未来发展

1. 实施学分制改革

首批培训考试结束后,学校全面总结经验,对考证获证率、人才培养方案的融入、"X"证书在学生综合测评和评优评先等方面的倾斜政策进行深入研讨。随后将探索学分制试点改革、相关专业课程替换与免试制度,为学生提供学习成果认证,积累与转换服务机制,畅通技术技能人才成长通道,提高人才培养质量。

2. 推进教师、教材、教法改革

在教师改革方面,继续执行教师到企业实践的政策,聘请企业专家参与学校的教学与人才培养工作,完善配套措施。在教材改革方面,校企共同开发符合生产实际和行业最新趋势的立体化活页式教材。在教学方法方面,创新项目化、任务驱动、情景式教学方法,探索资源共享、师生互动、企业深度参与的"以学习者为中心"的教学模式。

3. 实现分类分级培养

针对退役军人、下岗工人、农民工、新型职业农民等不同群体以及不同层次的学生,结合初、中、高级职业技能等级的不同要求,探索社会生源快速培养、中职生源初级培养、高考生源中级培养的模式。

(陕西铁路工程职业技术学院　陈　辉)

陕西铁路工程职业技术学院
物流管理1+X证书制度试点案例

陕西铁路工程职业技术学院工程物流管理专业成立于2004年,2012年成为陕西省重点专业,2014年立项陕西省高职专业综合改革项目。2019年6月,陕西铁路工程职业技术学院入选首批1+X证书制度试点院校,物流管理职业技能等级证书为首批两个试点之一。学校抓好顶层设计,制订实施方案,加大经费保障和投入,激励相关专业师生积极参与试点工作,取得了良好成效。通过推进1+X证书制度的落实,师生职业技能水平得到有力提升,产教融合更加深入,为进一步探索"学分银行"等改革奠定了基础。

一、具体做法

(一)加强1+X证书制度试点工作顶层设计

陕西铁路工程职业技术学院入选首批1+X证书制度试点院校后,学校高度重视1+X证书制度试点工作,成立了1+X证书制度试点工作领导小组,全面统筹推进1+X证书制度试点工作。学校划拨专项经费130余万元用于首批试点,每周召开教学例会,教务处、管理工程系等部门汇报本周1+X试点工作进展情况(图1、图2)。

图1 教务处联合系部召开推进会　　图2 教研室学习1+X文件、标准

根据教育部、陕西省教育厅对1+X证书制度试点工作的总体部署和要求,先后走访多家企业和院校进行深入调研,结合学校的实际,制定了物流管理证书试点工作实施方案。明确了由教务处组织协调,管理工程系加强与北京中物联物流采购培训中心的沟通联系,积极参与标准制定、教材编写、培训组织等工作,明确了工作推进的重要时间节点,确保试点工作稳步有序推进。

(二)修订人才培养方案,完善人才培养机制

1. 调整人才培养目标,培养新时代物流人才

伴随物流业的快速发展,行业细分已成为趋势,新技术、新科技应用层出不穷,物流

管理类专业人才培养目标需要向宽口径、重基础、强应用的复合型技术技能型人才方向发展。为适应未来产业升级和转型的需求,学校对接职业技能等级证书标准,完善课程体系、优化课程设置、创新教学评价标准,使人才培养目标更加符合职业岗位需求,实现证书培训目标与人才培养目标的深度融合。

2.修订人才培养方案,创新人才培养模式

学校工程物流管理专业教学团队系统深入学习职业技能等级标准的能力要求、标准、内容、考核方式等,根据职业能力标准调整修订专业教学标准。推进"1"和"X"的有机衔接,将证书培训内容及要求有机融入专业人才培养方案中。按照证书要求重构课程的知识点和技能点,修订课程标准,优化教学内容。将物流管理职业技能综合运用课程纳入人才培养方案,为社会培养高素质技术技能型人才(图3)。

类别	序号	课程名称	课程代码		学分	学时					
专业基础学习领域	1	工程识图与CAD	03821028	B	5	90	35	55	6*15		
	2	统计基础运用	06821084	B	2.5	48	24	24	4*12		
	3	会计报表填制与处理	06821038	B	3.5	64	36	28		4*16	
	4	管理基础	06821034	B	1.5	32	22	10		2*16	
	5	工程材料认知	02821009	B	3.5	64	44	20		4*16	
专业核心学习领域	1	线桥隧施工技术*	46811001	B	5.5	96	54	42		6*16	
	2	物资采购*	06821088	B	4	72	36	36		4*18	
	3	物资仓储*	06821089/06821090	B	7.5	136	72	64		4*18	4*16
	4	物流管理职业技能综合运用*	06821099	B	4	72	36	36		4*18	
	5	物资成本核算与控制*	06821091	B	3.5	64	40	24			4*16
	6	工程机械与机具管理*	07821025	B	5.5	96	44	52			6*16
	7	商务谈判工作实务*	06821057	B	3.5	64	30	34			4*16
专业拓展学习领域	1	礼仪与形象塑造	06821046	B	0.5	10	6	4	2*5		
	2	铁道概论	01821048	B	1.5	30	20	10	2*15		
	3	国际工程物资管理	06821035	B	3	54	30	24			6*9
	4	物流企业经营与管理	06821062	B	3	54	30	24			6*9
	5	建筑法规	03821057	A	3	54	30	24			6*9

图3 修订后的工程物流管理专业2018级人才培养方案(节选)

(三)课证融通,构建课程体系

在1+X证书制度下,将证书的考核标准和评价内容融入2018级专业课程教学之中,进一步优化课程教学内容,深化课程教学改革,突出学生物流管理职业能力的培养。学校深化课程改革,压缩《管理基础》《物资采购》《物资仓储》《物资成本核算与控制》等专业课程课时,在原有的《物资采购》《物资仓储》等课程基础上,剔除与证书培训重复的部分,优化课程设置,形成"专业核心课程领域+专业拓展课程领域+综合实训课程领域+选修课程领域"的课程体系,将证书理论培训内容有机融入专业课程体系,将证书实操培训3个模块的内容置换原有综合实训学习领域中的认知实习、岗位模拟实习。

图4为学校骨干教师为试点学生进行考前强化培训的场景。

(四)多措并举,切实提升"双师双能"师资队伍建设

1+X证书制度对师生都提出了新的更高的要求,尤其是对学校长期侧重工程物流管理专业的师生更为迫切。学校采取以下3项措施提升师资队伍建设水平:一是组织

图4 骨干教师为试点学生进行考前强化培训

新入职教师进行专题培训,定期召开教师座谈会、上公开课、办培训班等交流活动,搭建平台帮助青年教师提升教学及科研能力,同时发挥资深教师的"传帮带"作用。二是采取校企"互兼互聘、互聘共培"方式建设,包括多渠道聘请中国中铁、京东公司、中诺斯科技公司等单位的企业骨干为兼职教师,大力引进和着力培养专任教师,提升教师队伍的"双师"素质。三是加强对专业骨干教师的培养,先后选派多名骨干教师赴国外和中国台湾研修(图5、图6);积极组织教师参加国培、省培、"X"证书等相关的培训,与北京中物联物流采购培训中心积极联系;选派骨干教师参加在昆明、长沙等地举办的物流管理职业技能等级证书(中级)师资培训班(图7)。

图5 专业教师赴新加坡访学　　图6 专业教师赴中国台湾访学

(五)统筹兼顾,强化硬件保障

选派骨干教师及实训管理人员,赴江苏建筑职业技术学院参加物流管理1+X证书制度试点考核站点申报培训工作会(徐州站),学习物流管理1+X证书制度试点考核站点建设和考务管理相关制度文件,培训考务流程、考评工作流程和考务系统操作流程,学习《物流管理职业技能等级认证考核站点管理办法》和《物流管理职业技能等级认证考核站点实操考场建设标准》等文件。全面梳理现有管理团队、场地、设施设备情况,建设物流管理专业1+X证书考核站点。

与安徽志辉教育科技公司、中诺斯科技公司等技术支持单位积极协商,对原有实训

图7 骨干教师参加物流管理职业技能等级证书师资培训

室进行综合提升改造,按照要求高标准建设相关实训条件环境。投入经费10余万元,配置物流管理职业技能等级考核系统,手持终端、打印机、托盘、模拟货品等各类设施、设备(图8至图11)。

图8 考务资料　　　　　图9 考场标识

图10 理论机考现场　　　图11 实操考核现场

二、取得成效

1. 取证率高,提升了人才质量

首批参与物流管理职业技能等级证书(中级)试点考核的60名学生,其中53人通过考核,通过率高达88.3%,学生对物流管理全过程各个环节以及核心操作技能水平均有很大提升。

2. 实战锻炼，提升了师资水平

通过参加物流管理职业技能等级试点院校师资培训班，同时利用北京中物联物流采购培训中心开发的企业教材作为学生培训教材，教师的职业能力得到进一步提升。多名专业教师获得物流管理职业技能等级考试考评员资格，多名专任教师已经成长为企业专家，依托中诺斯科技公司、京东等物流科技公司平台，为中小型第三方物流企业和生产型企业提供技术服务。

3. 产教融合，促进了校企合作

学校根据自身特点和人才培养需要强化实践教学，积极与当地政府、中铁北京工程局、中铁七局、京东公司和中诺斯科技公司等企业建立产教融合供需对接机制。大力开展中铁北京工程局工程物流管理订单班、京东订单班、中诺斯智慧学院建设。学校充分利用自身优势，结合行业经济发展和人才需求，大力开发中国中铁、中铁建等公司工程物流管理人员岗前培训、物流管理信息化等培训课程；拓展授课对象，利用校企双方的资源和优势组建物流管理咨询服务团队，为中小型第三方物流企业和制造业提供物流管理人员培训和管理咨询服务。与物流相关行业协会合作，承办协会的相关教育培训，开展职业资格认证培训；面向本校学生和本地社会人员进行培训，从而促进职业教育和产业的有机融合。

三、总结与思考

通过推进物流管理1+X证书制度试点，学校工程物流管理专业的建设水平有了很大的提升。主要体现在以下3个方面：一是有力地提升了人才培养质量；二是锻造了"双师双能"的师资团队；三是深化了产教融合，提升了校企合作水平。物流管理类专业因为"物"的不同，已经细分为很多专业，"云（计算）、大（数据）、智（智能化）、物（物联网）、移（移动互联网）"等新技术的应用，快速改变着物流业的面貌。今后，我们要进一步加大开发力度，总结现有物流管理职业等级证书的经验，开发出更多更细的职业技能等级证书，并将其融入专业课程中，为"学分银行"建设奠定基础。

（陕西铁路职业技术学院　苏开拓）

陕西铁路工程职业技术学院
建筑信息模型(BIM)1+X证书制度试点案例

《国家职业教育改革实施方案》提出在职业院校、应用型本科高校启动"学历证书+若干职业技能等级证书"制度(简称"1+X证书制度"),成为职业教育改革发展的重要抓手。2019年6月,陕西铁路工程职业技术学院入选首批建筑信息模型(BIM)1+X证书试点单位,学校结合BIM技术教学实际,以建筑信息模型(BIM)职业技能等级证书标准为导向,以教学改革为抓手,通过完善体制机制、培养师资团队、优化课程体系、创新训练模式等一系列举措,探索形成了"三保障、三对接"的工作推进模式,圆满地完成了试点任务,取证349人,考证通过率达到72%,位居陕西省第一。

一、工作思路

学校紧抓人才培养质量主线,面向交通土建类专业,以"书证融通"为基本思路,全面推行建筑信息模型(BIM)职业技能等级证书制度。将证书标准融入专业教学标准之中,将培训内容融入专业课程教学内容,将技能培训与专业课程教学过程统筹组织,将证书考核与课程考核统筹安排,加强专兼结合教师团队建设和制度环境营造,快速推进1+X证书制度在学校落地。

二、具体做法

1. 三级联动,加大激励,强化体制机制保障

陕西铁路工程职业技术学院成立了由院长任组长,主管教学副院长任副组长,教务处、财务处、参与试点专业负责人等共同组成的1+X证书制度试点工作领导小组,出台了《1+X证书制度试点工作管理办法(试行)》,明确学校、教务处、二级学院和教研室的具体职责,形成了"学校统筹、二级学院组织、教研室落实"的三级联动运行机制。加大宣传力度,利用教职工大会对教师进行宣讲,教务处人员深入班级对学生进行宣讲,使广大师生对1+X证书制度有了深入了解。

加强激励引导,激发二级学院和学生参与试点的积极性。对二级学院和教师实行绩效考核,对未完成试点任务的部门年度考核优秀一票否决;教师培训费、二级学院管理费按照考证通过率实行分级发放,激励二级学院和教师吃透证书标准,加强培训过程管理,提高培训质量。实施学分替代,学生获得初级证书可替代2学分、中级证书可替代3学分,就业优先推荐,多角度、全方位调动学生参与1+X证书制度试点工作的积极性,激发内生动力。

2. 专兼结合,协同发力,强化师资队伍保障

以专兼结合的方式,构建BIM师资团队。在参与BIM技术应用研究项目的教师中,遴选经验丰富的教师26人组成专任教师团队,分5批次参加培训评价机构组织的职业技能等级标准宣贯会,多次举办交流研讨会,分享学习心得和体会,加强对标准的理解。加强与培训评价机构以及鲁班、品茗等行业领先企业合作,聘请企业兼职培训师6人来校承担培训144课时。专兼结合的师资队伍共同研讨教学内容,开发训练项目,探索培训形式,进行人才培养方案的修订和课程体系构建,保证了考核标准与课程标准的同心融合。

3. 加大投入,优化配置,强化软硬件环境保障

学校投入215万元,建成了面积达610平方米的BIM教学中心和BIM工作室(图1、图2),购置学生电脑200台、教师工作机30台,配备了鲁班、欧特克、Tekla、Bentley及Dassault系列化BIM技术软件,为1+X证书制度试点工作的推进创造了良好的软硬件环境。划拨专项经费100万元,用于企业调研、考前培训等,在师资培训、科研项目申报等方面,对BIM证书试点给予优先支持。

图1 BIM教学中心

图2 BIM工作室

4. 证书标准与教学标准对接,优化专业课程体系

基于BIM技能等级证书标准要求,深入中铁一局、中铁二十局等50余家土建施工企业和鲁班、鸿业等4家国内领先的BIM软件研发企业,围绕企业岗位需求、培养规格等方面进行广泛调研,认真分析企业生产方式变革对BIM技术人才的需求,对接交通土建工程产业链,紧抓投资管理、进度管理、质量管理等3项核心要素,依据项目建设流程和学生认知规律重构课程体系,开发专业模块化课程。在专业基础课中开设BIM建模基础课程,专业核心课和实践课中融入BIM技术内容,专业拓展课中增设BIM项目管理类课程,合理设置专题实训、跟岗实习等实践教学环节,构建了"BIM建模及应用+传统专业技能"的课程体系(图3)。校企双导师联合授课并指导学生完成项目实施各阶段的工作任务,做到"以教促产、以产促教",实现学用统一;组建"模块化"授课团队,分工协作实施模块化教学,实现学做合一。

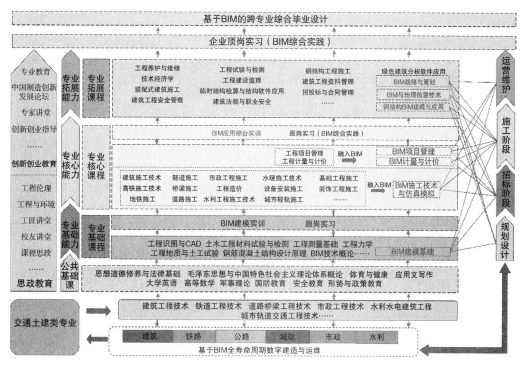

图3 构建"BIM建模及应用+传统专业技能"课程体系图

5. 训练项目与生产项目对接,创新BIM技能培训模式

将BIM职业技能等级证书标准进行细化,对应初、中、高级证书技能要求,将日常教学、技能训练和考前强化相结合,岗位能力和职业标准全程贯穿,构建"基础建模—专业应用—综合应用与管理"三阶段递进的培养路径,避免为证而考,实现以证强技(图4)。

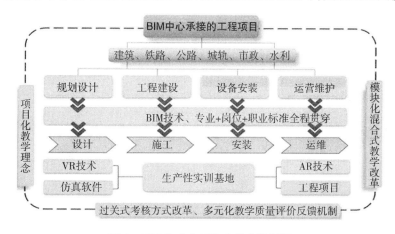

图4 BIM技术应用能力培养路径图

基础建模阶段主要对接初级证书技能点,融入专业基础课程教学同步实施,同时开展线上线下混合式教学,线上学习软件操作基础知识,线下进行单体结构建模训练。专业应用阶段,对应中级证书技能点,强化 BIM 技术与专业知识的融合提升。综合应用与管理阶段,对应高级证书技能点,以完整的工程项目为载体,学习 BIM 的协同应用管理和集成扩展应用。针对 BIM 应用前沿技术,邀请具有考评经验和 BIM 工程师证书的兼职教师,通过举办短期培训班、专题报告会等方式加以补充、强化与拓展。

6. 证书考核与课程考核对接,创新考核评价方式

按照证书考核标准、内容和要求,实施分层考核。一是在授课过程中,每完成一个教学模块进行一次考核,检查本模块知识和技能的掌握情况,考核成绩占课程总评成绩的 30%。二是在专项培训结束前,利用自主开发的题库进行摸底考核,对标检查学生对知识和技能的掌握水平,根据考核成绩,在学生自愿的基础上,进行初级和中级证书的报考分流。三是用证书考核替代课程终结性考试,成绩占课程成绩的 70%。通过三层推进的考核评价方式改革,有效提高了学生参与证书试点的积极性,充分发挥职业技能等级证书对人才培养的引导作用,促进了人才培养质量的提高。

三、取得成效

1. 人才培养质量逐步提高

以书证融通为抓手,深化教学改革,人才培养质量提升幅度明显。2019 年,学校共有 485 名学生参与 BIM 职业技能等级证书考核,其中 349 人取得证书,考证通过率达到 72%,取证人数和考核通过率均居全省第一。学生参加各级各类 BIM 技能竞赛获奖 20 项,专业技能水平得到大幅提高。

2. 师资水平明显提升

通过 BIM 职业技能等级证书试点,有效地促进了师资水平的提升,师资团队中 4 名教师被考核评价组织聘为 1+X 建筑信息模型(BIM)专家委员会委员、师资培训讲师团成员(图 5);主持完成了 BIM 中级证书考评大纲和技能标准的制定,主编了教师手册、学生手册和与证书配套的《建设项目管理 BIM 技术应用》教材(图 6);主持市、厅级以上 BIM 课题 10 项,参编《陕西省市政工程信息模型应用标准》,取得 BIM 相关软件著作权、专利等 9 项,完成的 BIM 技术应用成果获奖 30 余项;在全国师资培训会上做报告 14 场,累计培训师资 2 000 余人,为全国 BIM 职业技能等级证书落地做出了积极贡献。

图 5　团队教师做报告

图 6　牵头编写证书配套教材

3. 产教融合不断深化

师资团队先后为中铁一局、中铁北京工程局等企业开展 BIM 技术咨询及培训服务 56 项（图7）。学校作为中国图学学会"全国 BIM 技能等级考试"培训点、中国建设教育协会"全国 BIM 应用技能等级考试"考点，累计为社会培训认证建模师 2 100 余人，平均考证通过率达到 65%（超出全国平均水平 10 个百分点），形成了产教融合、相互促进的良好生态。

图7　BIM 教师团队为企业员工开展培训

四、总结与思考

BIM 职业技能等级证书试点，对交通土建类专业学生培养成效明显。今后，学校将持续扩大证书种类，完善学分制改革，借助职业教育国家"学分银行"，探索基于职业技能等级证书的分类培养模式，进一步提高人才培养质量。

（陕西铁路工程职业技术学院　裴清福）

陕西国防工业职业技术学院老年照护1+X证书制度试点案例

继"职教20条"后,国家关于1+X证书制度的有关政策接连出台,表明了国家对高等职业教育的大力支持,非正规教育职业培训和正规教育并驾而行,学历证书与职业技能等级证书互通。将老年照护1+X证书制度融入高等职业院校人才培养中,更有助于培养不同层次,可以应对和解决老龄化社会老人不同照护需求的复合型、创新型老年照护人才。

一、实施背景

1. 政策背景

国务院发布的《国家职业教育改革实施方案》(国发〔2019〕4号)提出,从2019年开始,在职业院校启动"学历证书+若干职业技能等级证书"制度,即1+X证书制度。2019年5月,老年照护职业技能证书进入1+X证书制度试点,教育部推出了首批高职院校试点单位,要求不断提升职业教育服务经济发展的能力。

2. 学校保障

为了积极推动国家养老事业的发展,陕西国防工业职业技术学院于2013年开设了老年服务与管理专业,成为陕西省唯一拥有该专业毕业生的公办高职院校。学校不断为养老人才培养及培训寻找新契机,开拓新思路,凭借独具特色的养老护理教育教学实力和亮眼的养老人才培养成绩单,成为首批老年照护1+X证书制度试点学校。为顺利开展首次老年照护1+X职业技能等级证书试点工作,学校成立了专门的老年照护1+X职业技能等级证书试点工作小组,由学校全卫强副院长担任组长,专业教师团队和专门的考务工作人员参加国家开设的各类培训(图1、图2)。截至目前,共有10余名专业教师参加了国家组织的师资或考评员培训并取得相应资格,为实现课程融入、强化考核过程组织管理打下良好的基础。

二、培训实施中的难点

试点工作就是要发现问题、解决问题,总结经验教训,推广优秀典型案例。老年照护1+X职业技能等级证书首次考核存在准备时间紧迫,实训及考核场地建设任务细节有待完善,奖补资金、收费标准的依据不清楚,考核标准把握程度、专业教学标准未有效对接老年照护职业技能等级标准,课证融通方面除了教材和标准无其他教学资源等诸多问题。2019年11月,学校对老年服务与管理专业学生开展宣传动员,最终有26名学生报名参加老年照护1+X职业技能等级证书考核。结合学校实际情况,在培训实施过

陕西国防工业职业技术学院案例

图 1　教师参加老年照护 1+X 证书师资培训

图 2　教师参加老年照护 1+X 证书试点项目考评员培训

程中存在以下工作难点。

1. 时间紧，任务重

初级考核培训需要 110 学时，其中，理论培训 34 学时，实操培训 76 学时。培训内容涉及安全防护、睡眠照料等 9 个模块、37 个工作任务、16 项实操考核。师生除开展培训外还需要参与正常的教学环节。根据报名学生人数，学校从 11 月 1 日—12 月 30 日共组织开展了为期 2 个月的课程培训，组织学生进行有针对性的技能强化，同时安排了两间实训室向学生开放，供学生在课余时间和晚自习进行实操训练。培训过程中教师按照考核标准对报名参加培训的学生给予模拟考评。时间紧迫，培训任务繁重，师生压力较大。

2. 缺乏教学资源

一直以来,我国养老护理员培训体系尚未系统建立,老年照护领域培训缺乏政策引导和约束。虽然一些地区开展了职业化的养老护理员培训,但培训质量依然不容乐观。学校教师团队虽然有多年的老年服务与管理专业教学经验和相对成熟的教学资源,但教师不能迅速熟练地将专业教学与技能等级证书培训有效结合,缺乏培训经验和培训教学资料,培训方式较为单一。针对常用老年照护技术和理论主要采取讲授和技能操作的形式,社会评价组织也仅在公众号中发布部分理论模拟试题,没有实操部分的标准化视频培训资源。教师在培训过程中亲自示教(图3),但无法反复观看实操视频,部分理论试题只能查阅,却无权限作答和实现教学互动。

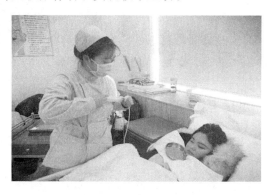

图3 教师示教

3. 学习效果反馈不及时

在日常教学中,课后有些学生会有交流反馈,或者和老师探讨知识难点,可以看出相当一部分学生还是想学习、有上进心的。对于此类学生,仅靠培训课堂的时间远远不够。单一的传统教学模式无法及时掌握学生的学习效果和教师的教学效果,无法做到及时课后反馈,更缺乏教学效果反馈互动,教学相长的效率相对低下。

三、解决方案

O2O(Online to Offline)教学模式即线上到线下教学模式,其核心是做到线上和线下融合。线上到线下(O2O)教学模式打破了传统教学模式的局限性,丰富了教学的形式和内容,增强了师生之间的互动,具有灵活、高效的特点。学校教师团队利用蓝墨云班课App的O2O教学模式在老年照护1+X证书培训中应用,将教师团队收集和制作的培训教学资源上传到教学平台,O2O教学模式助力老年照护1+X证书培训落地。

(一)教师团队备课

学校5名专业课教师先后经过师资培训及考评员培训,获得了培训和考核资质,对学校报考的26名学生进行集中培训。结合每位教师的授课领域和擅长方向,将110学时的内容分解成5部分,安排培训课表,教师团队集体备课,按照培训计划发布教学资源(图4),共同确定培训过程中的教学难点和重点,实行模块化培训体系,在云班课、腾讯群中发布教师的授课内容,供学生随时随地学习。

图4 教师团队共同备课发布培训教学资源

(二)教学资源共享

教师团队将集体备课形成的培训PPT(图5)、老年服务与管理专业国家教学资源库视频资源、收集的网络模拟试题和培训教材后面的全部练习题目,教师团队亲自作答并集体校对答案,制作理论试题库及答案(图6);将全部理论内容汇总成4套合计648道理论试题(图7);将实操内容16项操作视频,上传到云班课教学平台,共享教学资源(图8)。

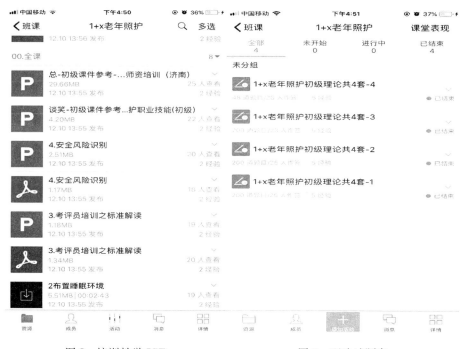

图5 培训教学PPT　　　　图6 理论试题库

(三)O2O教学成为培训利器

课前时段,教师在蓝墨云App上发布下节课的学习内容及重点、难点,视频材料,给学生布置学习任务(图9)。学生通过查看消息通知,观看教师发布的素材,结合任务单进行预习;教师在课前查阅学生利用云平台学习的情况。

图7　共享理论试题和答案

图8　共享实操视频资源

图9　发布实训视频资源

图10　O2O教学模式下学生的实操训练

课中时段,教师对培训知识点进行梳理和讲解,结合课前学生学习及讨论情况,对重点、难点进行讲解,针对培训课堂中学生的直接反馈实时调整(图10)。

课后时段,通过蓝墨云班课发布理论测试题,学生在线完成随机试题并能看到自己的成绩和正确答案。教师可以随时查看学生完成理论题库的情况,利用云班课后台自动统计错题数据,对错题集中讲解,及时得到学生学习效果的反馈,提高教学成效。

四、应用效果

1. 按时保质完成培训内容

将培训内容转化成线上和线下教学资源,获得了培训评价组织的技术支持及部分教学资源。教学资源平台在老年照护1+X证书试点工作中的应用,优化了1+X职业技能等级证书考核的老年照护人才培养和模块化培训教学体系,按时保质保量完成了老年照护1+X证书初级考核培训任务(图11)。

2.学生考核通过率高

学校投入大量经费支持老年照护1+X证书考核,理论和实操考核考场布置完备(图12、图13)。学校26名学生理论考核一次性通过率为88.5%,实操考核一次性通过率为88.5%。实施O2O教学模式后,得到的学生反馈是培训效果超出预期,考试一次性通过率高于全国平均水平。

图11　培训结束后教师团队合影

图12　理论考核现场

图13　实操考核现场

3.借鉴推广作用

学校引入转化了一批教学资源、教学内容,采用O2O教学模式进一步完善了线上线下教学资源建设,为参加1+X职业技能等级考核培训学生提供专业的技术指导和服务并取得了较好的成绩,提高了学生主动学习的欲望以及学习的目的性,能够实现分模块教学,为1+X证书制度试点工作提供了一些借鉴和参考。

(陕西国防工业职业技术学院　严长远)

陕西国防工业职业技术学院
汽车运用与维修1+X证书制度试点案例

一、科学统筹规划

为加快推进陕西国防工业职业技术学院汽车运用与维修1+X证书试点工作,2019年11月22日,汽车学院在戴姆勒铸星教育录播教室召开技能技术类汽车运用与维修职业技能考核启动会,汽车学院院长张鑫、教务处石小艳老师和吴伟伟老师、汽车教研室全体教师参加了本次会议,会议由教研室主任权春锋主持(图1)。

图1 汽车运用与维修职业技能考核启动会

权春锋老师对1+X证书制度试点国家政策进行了解读,介绍了全国及陕西省汽车运用与维修1+X证书制度试点工作的推进情况,并对学校开展1+X证书工作的现状做了详细汇报。教务处石小艳老师和吴伟伟老师强调,汽车学院要加快汽车运用与维修1+X证书试点推进工作,教务处将全力支持项目的落实及运行。张鑫院长对汽车运用与维修1+X证书试点工作进行了详细地部署。

二、学习培训

(一)师资方面

1.组织汽车学院专业带头人及骨干教师对1+X证书培训认证进行观摩学习

汽车学院专业带头人及骨干教师对1+X证书培训认证进行了观摩学习,并与交通学院副院长刘涛对1+X证书认证考核师资、场地、设备、考核标准等相关问题进行了深入交流。

2.邀请陕西交通职业技术学院1+X证书试点项目教师来学校进行现场指导与交流

汽车学院邀请兄弟院校1+X证书项目代新雷老师来汽车学院研讨、交流、培训

1+X证书项目落实工作。会上代老师分享了陕西交通职业技术学院在1+X证书试点项目开展过程中的经验,为学校汽车维修专业1+X证书项目顺利开展提供了有力支持(图2)。

图2 与兄弟院校开展研讨、交流

3. 组织汽车学院1+X证书培训教师进行校内研究交流

汽车学院成立1+X证书认证领导小组及工作小组。工作小组按照要求将第三模块内容分成4个小组,每个小组实行组长责任制,对模块中的内容进行深入研究和探讨,由领导小组定期进行成果验证,保证考核工作的质量(表1)。

表1 研讨交流任务表

序 号	任 务	人员安排	组 别
1	动力电控波形检测	王雅红 王江宏 孙 环 党改慧	第一组
	变速电控波形检测		
	底盘电控波形检测		
	车身电控波形检测		
	电子电路检测维修		
2	起动电路检测维修	权春锋 王鹏利 逯世廷 朱怡婕	第二组
	起动马达分解维修		
	发电机的分解维修		
	充电电路检测维修		
	起动充电性能检测		
3	前灯、尾灯检测维修	冯帆 苗亮 杨萌 杨涛 张耀丹	第三组
	室内仪表检测维修		
	洗涤系统检测维修		
	喇叭系统检测维修		
	车窗、座椅检测维修		

续表

序 号	任 务	人员安排	组 别
4	制冷性能检测维修	陈玉刚　张靖雯 张俊红　刘　丹	第四组
	制冷系统部件维修		
	暖风系统部件维修		
	通风系统部件维修		
	空调控制电路检测		

　　汽车学院在戴姆勒铸星教育基地组织汽车运用与维修职业技能考核项目电子控制电路检测与维修子项目汇报交流活动，王雅红等4位老师对动力电控波形检测、变速电控波形检测、底盘电控波形检测、车身电控波形检测、电子电路检测维修5个子任务进行沟通交流(图3)。

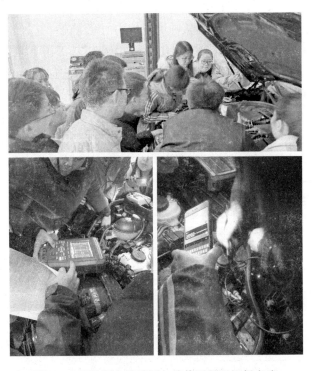

图3　电子控制电路检测与维修子项目汇报交流

　　权春锋等4位老师对起动电路检测维修、起动马达分解维修、发电机的分解维修、充电电路检测维修、起动充电性能检测5个子任务进行沟通交流(图4)。
　　冯帆等5位老师对前灯尾灯检测维修、室内仪表检测维修、洗涤系统检测维修、喇叭系统检测维修、车窗座椅检测维修5个子任务进行沟通交流。
　　陈玉刚等4位老师对制冷性能检测维修、制冷系统部件维修、暖风系统部件维修、通风系统部件维修、空调控制电路检测5个子任务进行沟通交流。

图4 指导教师对起动电路检测与维修等子项目进行沟通交流

研讨交流活动后,召开了周总结交流会议,找出问题并提出相应的解决方案,安排汽车运用与维修1+X证书试点下周工作的具体实施方案,对前面未解决的问题进行深入研究并交流探讨。

汽车学院通过多种方式做好1+X证书教师培训工作,为后期学生培训及认证考核打下了坚实的基础。

(二)学生方面

汽车学院在戴姆勒铸星教育机电教室召开技能技术类汽车运用与维修职业技能考核学生动员会,对报名参加1+X证书试点的学生进行了动员分组,并开展了第一天的培训。培训项目安排见表2。

表2 培训项目安排表

序号	任务	作业项目	人员安排	组别
1	动力电控波形检测	(1)点火进气传感器的波形检测 (2)排放控制系统传感器的波形检测 (3)燃油及可变进气系统执行器的波形检测	王雅红 王江宏 孙 环 党改慧	第一组
2	变速电控波形检测	(1)控制模块波形检测 (2)车速、转速、档位位置、加速踏板传感器波形检测 (3)P/N档位开关波形检测		
3	底盘电控波形检测	(1)电控悬架系统电子元件波形检测 (2)电控转向系统电子元件波形检测 (3)空气悬架系统电子元件波形检测		
4	车身电控波形检测	(1)自动雨刮系统电子元件波形检测 (2)电动车窗电子元件波形检测 (3)灯光控制电子元件波形检测		
5	电子电路检测维修	(1)桥式整流电路绘制检测 (2)电感、电阻、电容的电路绘制检测 (3)点火线圈、喷油器的电路绘制检测		

续表

序号	任务	作业项目	人员安排	组别
6	起动电路检测维修	(1)起动机电路连接及电路简图绘制 (2)起动机供电电路检测维修 (3)点火开关拆装检测 (4)起动机控制电路检测维修	权春锋 王鹏利 逯世廷 朱怡婕	第二组
7	起动马达分解维修	(1)起动马达的分解组装 (2)起动马达部件检测 (3)起动马达机械部件润滑 (4)起动马达部件更换		
8	发电机的分解维修	(1)发电机的分解组装 (2)发电机部件检测 (3)发电机机械部件润滑 (4)发电机部件更换		
9	充电电路检测维修	(1)发电机充电电路检测维修 (2)发电机指示电路检测维修 (3)发电机充电控制模块拆装检测 (4)蓄电池电量传感器拆装检测		
10	起动充电性能检测	(1)起动电流、电压,起动发动机转速检测 (2)充电电流、电压、波形检测 (3)起动和充电系统相关数据流读取及分析		
11	前灯、尾灯检测维修	(1)前照灯总成拆装 (2)前照灯工作电路检测维修 (3)尾灯总成拆装 (4)尾灯工作电路检测维修 (5)灯光控制开关拆装及电路检测 (6)灯光模块外部电路检测与维修	冯帆 苗亮 杨萌 杨涛 张耀丹	第三组
12	室内仪表检测维修	(1)仪表盘总成拆装 (2)室内灯、仪表指示灯、警告灯、背景照明灯电路检测维修 (3)室内灯控制模块电路检测与维修		
13	洗涤系统检测维修	(1)雨刮电路检测维修 (2)雨刮电机拆装 (3)洗涤系统电路检测维修 (4)洗涤电机及水壶拆装		

续表

序号	任 务	作业项目	人员安排	组 别
14	喇叭系统检测维修	(1)喇叭拆装及工作电路检测 (2)喇叭开关拆装及控制电路检测 (3)喇叭分贝检测	冯 帆 苗 亮 杨 萌 杨 涛 张耀丹	第三组
15	车窗、座椅检测维修	(1)电动车窗升降电机拆装 (2)电动车窗升降电机工作电路检测 (3)电动车窗开关拆装 (4)车窗开关控制电路检测 (5)电动座椅电机拆装 (6)电动座椅工作电路检测 (7)电动座椅开关控制电路检测		
16	制冷性能检测维修	(1)制冷系统压力检测分析 (2)制冷系统温度检测分析 (3)制冷系统泄漏检测分析 (4)空调压缩机控制电路检测 (5)空调控制面板电路检测 (6)空调控制面板拆装	陈玉刚 张靖雯 张俊红 刘 丹	第四组
17	制冷系统部件维修	(1)空调压缩机总成、管路及膨胀阀拆装 (2)蒸发箱体及蒸发器拆装 (3)冷凝器及干燥器拆装		
18	暖风系统部件维修	(1)风门拆装 (2)节温器、暖风水阀及暖风水管拆装 (3)暖风水阀电路检测 (4)水温传感器电路检测		
19	通风系统部件维修	(1)风门电机拆装 (2)风门电路检测 (3)鼓风机及模块电阻拆装与检测 (4)风速控制面板拆装 (5)通风管道拆装		
20	空调控制电路检测	(1)温度传感器检测 (2)空气质量传感器检测 (3)阳光传感器检测 (4)自动空调控制面板检测 (5)自动空调控制模块检测 (6)自动空调系统故障码、数据流、动作检测		

对参加1+X证书试点培训的学生进行小组调换,按照小组轮换的方式对所有学生进行培训(图5)。

图5 对学生进行培训

三、考前准备

汽车学院在汽车实训中心召开技能技术类汽车运用与维修职业技能考核认证研讨会,会上各位老师对1+X证书培训考核认证时间、设备、场地、流程、学生报考等相关事宜进行研讨。

1. 考核设备清点

汽车学院在汽车实训中心对1+X证书培训设备进行盘点,汽车教研室全体教师对设备、工具、场地及资料进行整合,为后续工作做好准备(图6)。

图6 考核设备清点

2. 考核场地布置

汽车学院在汽车实训中心对1+X证书考核按照考核标准,对设备、工具、场地及资料等进行布置,为考核的顺利开展提供保证。

3. 题目验证

汽车学院在汽车实训中心对1+X证书考核按照考核题目进行验证。

四、考核过程

1. 考务安排

（1）监考老师安排。依据 1 + X 证书监考教师的标准，每个考试模块安排 3 辆考试车辆，每个子模块安排两位监考教师。

（2）考生安排。考核按照轮换的形式进行，给每个考生发放一个 U 盘。

2. 现场实录

依据考核标准，配置 360°摄像头，全程记录考生的考核过程（图 7）。

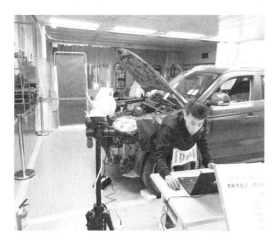

图 7　现场实录

五、下一步计划

（1）提升学生认证考核人数。基于本次培训及考核经验，陕西国防工业职业技术学院将对学生考核认证工作进行进一步优化，加大 2020 年学生的认证数量。

（2）增加设备数量。从本次考核中发现，单日学生考核数量比较少，陕西国防工业职业技术学院将增加设备的台套数，提高单日考核学生数量。

（陕西国防工业职业技术学院　权春锋）

陕西能源职业技术学院老年照护(护理)1+X证书制度试点案例

一、指导思想

职业教育为我国经济社会发展提供了有力的人才和智力支撑。随着我国进入新的发展阶段,职业教育的重要地位和作用越来越凸显。但是,与发达国家相比,与建设现代化经济体系、建设教育强国的要求相比,我国的职业教育还存在着体系建设不够完善、制度标准不够健全、企业参与办学的动力不足等问题。为了进一步办好新时代职业教育,《国家职业教育改革实施方案》明确指出:从2019年开始,在职业院校、应用型本科高校启动"学历证书+若干职业技能等级证书"制度试点(1+X证书制度试点)工作,鼓励职业院校学生在获得学历证书的同时,积极取得多类职业技能等级证书,拓展就业创业本领,缓解结构性就业矛盾。

随着社会老龄化进程加快,老年照护服务需求呈持续上升趋势。我国现有养老机构照护人员不到30万人,仅有4万多人持有职业资格证书。专家预测,我国老年照护人员缺口至少在1 000万人。面对巨大的老年照护人才缺口,教育部下发《关于做好首批1+X证书制度试点工作的通知》,首批启动试点的6个职业技能等级证书中就包括老年照护。通过在养老服务领域开展首批老年照护职业技能等级证书试点项目,促进行业组织、专业院校、培训实施机构、考核评价机构有效融合,共同建立养老服务职业技能人才培养合作模式,为提升养老服务与管理职业能力建设、促进养老服务业科学发展发挥重要作用。

二、组织机构

为了推进老年照护1+X证书制度试点工作,陕西能源职业技术学院成立了以刘予东院长为项目负责人的学校领导小组,赵新法副院长指导实施工作,由教务处、护理学院、医学院、信息中心、实训中心、后勤保障处具体落实,按时完成教育部、陕西省教育厅、老年照护1+X职业技能等级证书西安考评站布置的各项任务。

同时,积极与西安行键养老康复中心徐岷利院长对接,本次由他们承担陕西省及西北地区考评站的任务,协商在陕西能源职业技术学院开展考评工作的思路、学校的办学实力和社会影响力、学校对此项工作的经费支持和政策保障等,经过西安考评站的现场调研和考核,学校取得了西安考评点资质(图1)。

图1 学校职得老年照护1+X证书制度试点考评点资质

三、师资培训

自2019年6月教育部老年照护1+X职业技能等级证书制度试点工作开展以来，陕西能源职业技术学院护理学院先后选派共计10人次参加了有关培训工作，目前已有3名教师获取老年照护考评员资质。

四、学生选拔

为贯彻落实《国家职业教育改革实施方案》，推动国家首批老年照护1+X证书制度试点工作，护理学院于2019年9月5日在医学校区召开了老年照护1+X证书制度试点工作动员会，2018级护理专业全体学生参加了会议。会上为学生介绍了我国人口老龄化趋势和养老人才匮乏的现状，介绍了国家对养老行业的重视和未来养老行业的发展前景，给学生解读了国家1+X证书制度的基本内涵及其对创新职业教育模式和学生成长成才、高质量更充分就业的意义，鼓励学生积极参与此项工作。同时，还从培训安排、教学内容、课程设置、考核安排等方面给学生做了详细介绍。

五、实训设备、耗材、教材、考场监控设备的配备

为做好教育部首批1+X证书制度老年照护职业技能等级证书项目试点工作，护理学院（护理专业）老年照护项目组根据项目需要，统筹协调、积极申请并采购了1+X老年照护（初级）校内培训耗材，以满足学生初级实操培训9类39项操作的需要，购买了教师和学生培训用教材初级、中级和标准共计480册。

同时，学校还申报了陕西省老年照护1+X证书制度试点考评点。根据学校的具体情况及考评点的申报要求，共计申报了2个实训考场及1个理论机考考场（图2）。按照西安考评站的要求布置了3个考场，购买了符合要求的考场监控设备，组织了100台电脑，布置了可容纳100人考试的机考考场；购置了30个摄像头、2个硬盘录像机、2个监控器、2个千兆交换机，共计投入48 000元，布置了实训考核的整个监控环境，做到考核环节无死角，保证了考核的顺利进行。

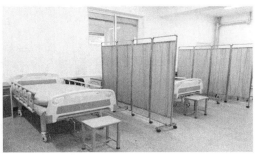

图 2　理论机考和实训考场

六、学生培训

根据教育部老年照护 1+X 职业技能等级证书考核安排,为顺利完成 2019 年 12 月学校首批老年照护职业技能等级(初级)证书考核工作,提高考生的证书通过率,学校成立了 1+X 等级证书制度老年照护职业技能等级项目组,从开学起就开始组织培训,并将护理学院的 118 名学生分成两个班级分别进行授课。同时,将老年照护初级培训内容与护理专业中的有关课程《护理基础技术》《康复护理》《老年护理》《外科护理》进行融合,制定课程融入方案,将指导教师分为老年护理团队、基础护理团队和康复护理团队。2019 年 9 月 16 日正式按照授课计划进行培训。

本次培训分为以下 3 个阶段。

第一阶段(2019.09.16—11.10)为基础培训阶段。本阶段主要是根据学生的特点进行理论及实训培训,指导学生深入理解老年照护初级教材的内容,并掌握老人的基本生活照料技能,于 2019 年 11 月 5 日顺利完成了初级教材中的 39 项操作及理论的培训任务,然后利用 5 天的时间对学生进行模拟考核、练习。

第二阶段(2019.11.11—12.04)为专项强化训练阶段。本阶段主要是根据考核评价组织公布的 16 项考核操作要求进行强化训练,并对操作中的安全问题、隐私问题以及人文沟通问题进行纠正强化。

第三阶段(2019.12.08—10)为综合训练阶段。本阶段根据考核要求编制实操考核综合案例,对学生进行集中培训,根据案例指导学生对 3 个操作进行衔接,并集中解决操作中出现的问题。同时,注意加强对学生心理素质的锻炼,增加现场实操模拟考核能力,强调实操考核中准备用物的重要性,确保顺利完成老年照护初级证书考核任务。

七、考核安排

对考核工作学校领导高度重视,教务处、信息中心、实训中心、护理学院、医学院、后勤保障部门积极响应。从考场的选择到设施、设备的准备,多部门联动,教务处统筹安排、调度,有力地保障了考前各项准备工作的如期完成,确保考核工作顺利进行。

八、取得的经验、存在问题及来年设想

1. 经验和体会

（1）学校领导高度重视是此项工作顺利完成的有力保障。

（2）学校成立了专项工作领导小组,分别由专人负责培训、考核及后勤保障等工作,职责、分工明确是此项工作得以顺利完成的重要组织保证。

（3）六部门（教务处、信息中心、护理学院、医学院、实训中心、后勤保障部门）联动、协作是此项工作顺利实施的必备条件。

2. 存在的问题

此项工作由于时间紧、任务重,学生培训时间短,动手练习较少,使得学生在操作时显得有些生疏。

3. 来年设想

2020年6月将迎来第二批1+X等级证书考核工作,我们将在2019年试点工作经验的基础上,学习兄弟院校的经验,加强各方面的工作,特别是在学生培训方面,将老年照护的学习与培训融入日常教学工作中,把日常培训与考前集中强化培训结合起来。同时,加大培训所需设施、设备及耗材的投入力度;加强师资培训,提高教师的专业素养;在时间安排上要更加充裕、合理,给学生创造更多的学习及实操培训机会,争取取得更好的成绩。

（陕西能源职业技术学院　仵卫民）

陕西能源职业技术学院
老年照护(康复治疗技术)1+X证书制度试点案例

一、实施背景

为深入贯彻党的十九大精神,2019年1月24日,国务院颁布印发的《国家职业教育改革实施方案》第六条中明确提出了启动1+X证书制度试点工作。同年4月4日,教育部会同国家发展和改革委员会、财政部、国家市场监督管理总局四部门印发《关于在院校实施"学历证书+若干职业技能等级证书"制度试点方案》,正式启动1+X证书制度试点工作。教育部等四部门《方案》中明确指出高等职业院校是1+X证书制度试点的主体,要求试点工作要进一步发挥好学历证书的作用,夯实学生可持续发展的基础,鼓励职业院校学生在获得学历证书的同时,积极参与职业培训获得多种职业技能等级证书,拓展就业创业本领,缓解结构性就业矛盾。老年照护职业技能等级证书是教育部首批启动试点的6个职业技能等级证书之一。

根据国家统计局2019年1月最新发布的人口数据显示,我国60岁以上的老年人口为24 949万人,占我国总人口的17.9%,人口老龄化问题严峻,增长速度排世界第一位。据不完全统计,我国现有护理人员近400万人左右,其中近370万人是从事医院病人的专业护理,占90%以上,剩下只有不到10%的护理人员参与养老护理服务。面对越来越多的老年人护理需求,有资质(持证)的专业老年护理人才将有巨大的市场需求。有鉴于此,高等职业试点院校在相关专业(群)实施老年照护1+X证书制度是试点院校的良好机遇和挑战。

为了积极落实推进国家职业教育改革,加快养老服务领域职业教育现代化进程,根据陕西省教育厅《关于开展首批1+X证书制度试点工作的通知》(陕教高办〔2019〕9号),陕西能源职业技术学院于2019年6月获批教育部首批1+X证书制度试点院校,医学院康复治疗技术专业成为老年照护职业技能等级证书项目的建设专业。在首批老年照护初级等级证书培训考核中,陕西能源职业技术学院康复治疗技术专业共有174名学生参与。

二、主要做法

学校积极申报考核点、考评员培训工作,成立了1+X老年照护职业技能证书制度试点工作小组。小组成员除了护理专业教师、康复专业教师外,还包括教务处、学工办、实训中心等部门人员,为1+X证书制度试点工作提供支持,保障项目的顺利实施。

该项目建设工作分为以下4个阶段。

第一阶段(2019.04—05)为申报阶段。2019年4月,医学院选派教师对老年照护1+X职业技能等级证书试点单位进行申报,最终获批。

第二阶段(2019.08—09)为启动阶段。

(1)2019年8月,医学院选派教师前往北京参加老年照护职业技能等级证书教学研修班(图1),对1+X证书制度试点项目有了深入认识,明确了院校的职责。通过教学研修班的学习,更好地了解了老年照护1+X证书制度试点的精神,为后续推进老年照护等级证书的培训、考核工作打下良好基础。

(2)2019年9月,医学院召开专题会议,明确培训任务分工,制订培训实施方案和课程融入方案,征订培训教材(图2)。

图1　教师参加教学研修班　　　　图2　老年照护培训教材

第三阶段(2019.09—12)为实施阶段。

(1)2019年9—10月,相关培训教师对初级老年照护职业技能等级教材进行了深入学习,2018级康复治疗技术专业学生调整课程时间,进行专业课程的集中学习并进行考试,专业考试结束后召开了学生动员大会(图3)。

(2)2019年11月11—14日,康复治疗技术专业教师参加老年照护1+X证书考评员培训并获得考评员资质(图4)。

图3　召开1+X项目培训动员会　　　图4　教师获得的考评员证书

(3)2019年11月11日—12月11日,2018级康复治疗技术专业学生集体赴临潼校区进行学习、培训(图5)。

康复1801、1802班课表（第12周）

节数	星期一	星期二	星期三	星期四	星期五
1,2节	王 松（理论1、2合班）教512		李宏力（理论1、2合班）教512	张 希 思政（补11周）教512	韩立萍（理论1、2合班）教512
3,4节	杨 勇（实训室认知学习）（实训1班）	常永红（理论1、2合班）教512	张 希 思政（12周）教512	邢少娜（标准解读）（康复1801班）电教楼2楼	韩立萍（理论1、2合班）教512
5,6节				刘 琼（标准解读）（康复1802班）电教楼2楼	韩立萍、姜丽丽（实训1班）实训室
7,8节	杨 勇（实训室认知学习）（实训2班）	常永红（理论1、2合班）教512		王 松（理论1、2合班）教512	韩立萍、张旭颖（实训2班）实训室

康复1803、1804班课表（第15周）

节数	星期一	星期二	星期三	星期四	星期五
1,2节	实操讲解 刘曼婷（3、4合班）教612	实操讲解 邢少娜（3、4合班）教612	杜程程 思政（15周）教612	马雪雪（理论3、4合班）教612	马雪雪、杨琪（实训3班）实训室
3,4节	实操讲解 邢少娜（3、4合班）教612	常永红、姜丽丽（实训3、4班）实训室	姜丽丽、程瑞芹（实训3班）实训室	马雪雪、杨琪（实训3班）实训室 / 姜丽丽、程瑞芹（实训4班）实训室	马雪雪、杨琪（实训3班）实训室
5,6节	姜丽丽、程瑞芹（实训4班）实训室	实操讲解 刘 琼（3、4合班）教512	姜丽丽、程瑞芹（实训4班）实训室	董丽娟（理实一体3、4合班）实训室	马雪雪、杨琪（实训3班）实训室
7,8节		姜丽丽、程瑞芹（实训4班）实训室	姜丽丽、程瑞芹（实训4班）实训室	实操讲解 刘曼婷（3、4合班）教612	马雪雪、杨琪（实训3班）实训室

图5 部分培训课表

（4）2019年12月6日，西安考评站徐岷利院长及考站随行人员实地查看学校关于1+X证书制度试点理论考核（机考）及实操考核考场，并听取学校就该项目考核前期的准备工作汇报（图6）。

图6 考评站检查及工作汇报

（5）2019年12月13—15日，2018级康复治疗技术专业学生进行理论和实操考核（图7）。

第四阶段（2019.12—2020.01）为总结推广阶段。

根据第三阶段的实施情况，对计划进行了修改与完善，进一步推进项目各计划的实

 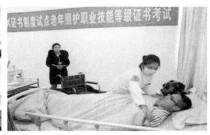

图 7 考核现场

施,各计划负责人写出实施总结报告,项目监督小组完成项目的验收工作。项目组探讨 2018 级学生中级老年照护职业等级证书培训安排及 2019 级学生初级老年照护职业等级证书培训事宜。

三、工作成效

(一)项目目标

学校组织 2018 级康复专业学生共 4 个班 174 人参加首批老年照护 1+X 初级职业技能等级证书培训(表1)。依据《老年照护职业技能等级团体标准》,结合本专业课程设置情况和老年照护职业技能等级培训教材,初步制定初级老年照护职业技能过关率为学生总人数的 1/3 以上,即 52 人以上。

表 1 2018 级康复专业学生详情

班 级	总人数/人	男生/人	女生/人
康复 1801 班	45	15	30
康复 1802 班	43	14	29
康复 1803 班	43	13	30
康复 1804 班	43	15	28
合计	174	57	117

(二)完成情况

2018 级康复专业学生参加首批老年照护 1+X 初级职业技能等级证书考核情况见表2。

$$预期完成率(70\ 分) = \frac{完成人数}{目标人数} \times 100\% = \frac{109}{52} \times 100\% = 209.6\%$$

表 2 2018 级康复专业参加考核学生考核情况

	人数统计/人	证书考核形式	单科70分以上/人	单科60分以上/人	双科70分以上/人	双科60分以上/人
培训人数	174	理论机考	124	158	109	143
考核人数	173	实操	146	151		

四、经验启示

（一）初步形成培训方案，夯实后续培训基础

通过项目运行与实施，形成了详细、科学化的师资及学生培训方案，使下一年度的培训工作有迹可循。此次培训主要采用集中培训方式，聘请护理学院专业教师授课、西安养老中心专家指导，学校4名康复治疗技术专业教师随堂学习，专、兼职教师共同进行讲授，将课程内容和相关职业标准进行对接，将企业职业标准融入课程教学中，对教学内容进行流程化、项目化设计，实现校企互动、产教一体的深度融合模式，学生老年照护1+X职业技能等级证书获证率指标超额完成。

（二）改革教学评价模式，拓宽学生就业面

此项目考核结果由第三方介入进行多元化评价，实现考教分离、考评分离，考评员除专业教师外，还有养老机构人员参与，对学生的职业技能点考核客观真实，符合职业教育的特点。通过项目运行与实施，进一步加强了学校与养老机构之间的合作，激发了社会力量在高等职业教育中的积极性，为未来老年照护1+X职业技能等级证书与康复治疗技术专业人才培养更好地相融搭建了便利的阶梯，促进学校、养老机构的共同发展，充分利用资源、优势互补，为未来高职院校康复治疗技术专业毕业生就业、老年照护人才培养、养老机构老年照护人员社会培训方面提供高质量的服务。

（三）明确人才培养目标，优化人才培养方案

进一步梳理老年照护职业面向、培养规格和毕业要求，使老年照护1+X证书试点专业的专业教学标准和职业技能等级标准有效对接，构建"1"与"X"深度融合的人才培养方案。将老年照护职业技能等级证书标准的要求有机融入康复治疗技术人才培养方案中，解决针对老年照护职业定位培养目标过于空泛、不够聚焦的问题。

（四）梳理老年照护内容，优化课程体系

学校2019年首批参加试点工作的是2018级康复治疗技术专业的学生，考取证书级别为初级。初级老年照护多为生活照护，与其相对应的是学校开设的医学类相关基础课程，涉及《康复评定技术》《作业治疗技术》等课程中的部分内容，如老年人基本情况的评估、助行器的转移、轮椅的转运等，而更多与康复治疗相关的课程内容是在中级老年证书中，如老年人的评定技术、认知障碍的照护、功能障碍的照护等。学生需考过初级之后，才可继续考取中级证书。因此，在西安养老中心专家、护理专业教师的指导下，通过分析已经开设的课程与初级、中级技能等级证书要求之间的差距，确定需要根据职业技能等级标准进行补充，拟在2019级康复治疗技术专业学生学习《康复护理技术》的基础上，用延伸、补充等方式进行融入。在2018级康复治疗技术专业学生考中级证书时，通过拓展课程、职业培训等方式进行融入。

（五）校企深度融合，打造专、兼职队伍

开展老年照护1+X证书制度试点，需要一支专、兼结合，创新合作的教学团队。参与老年照护1+X等级证书试点的教师，一方面需要加强理论学习，深入理解职业技能等级证书及标准的内涵与要求,提高对文件精神的把握能力,做好人才培养方案的调整和完善工作;另一方面,通过参与职业技能等级标准培训、研讨会、师资培训等方式,提高专业教师的教学实践能力,在试点工作中能够胜任教学和培训工作。另外,加强与培训评价组织的联系,通过行业、企业兼职教师将新技术、新方法引入课堂,将行业、企业标准和规范融入课程教学。通过以上举措,优化师资队伍的整体结构,全面提高专业师资团队的教学与培训能力。

经过努力,2018级康复治疗技术专业首批老年照护1+X职业技能等级证书制度试点工作圆满完成,总体布局、人员分工和部门协作井井有条,为后续试点工作的开展提供了依据。但还存在以下3个方面的不足:一是由于康复治疗技术专业课程与老年照护职业技能有所差异,虽然进行了集中培训,但学生的知识技能还需加强;二是首次试点,康复专业教师老年照护相关知识技能还需提高;三是1+X职业技能等级证书考核与传统考试方式不同,在实训中还应注重学生心理素质锻炼以及实操细节的把握。

在下一批的老年照护1+X职业技能等级证书培训工作中,将继续改进、提高,不断探索、创新,推动1+X证书制度的产学结合,培养复合型技术技能人才。

(陕西能源职业技术学院　高慧霞)

陕西交通职业技术学院
汽车运用与维修1+X证书制度试点案例

2019年1月24日,国务院印发的《国家职业教育改革实施方案》明确提出:从2019年开始,在职业院校、应用型本科高校启动"学历证书+若干职业技能等级证书"(简称1+X证书)制度试点工作。试点工作旨在按照高质量发展的要求,坚持以学生为中心,深化复合型技术技能人才培养培训模式和评价模式改革,提高人才培养质量,畅通技术技能人才成长通道,拓展学生就业创业本领。在此背景下,陕西交通职业技术学院以服务大交通强国战略为己任,充分利用国家优质高职院校的优势,成功入围教育部首批1+X证书制度试点院校,并被培训评价组织在学校正式设立为陕西省1+X汽车运用与维修(含智能新能源汽车)职业技能等级证书制度职业教育培训考核办公室。在发挥区域试点协调及指导作用的同时,学校启动了全国说明会、职业院校汽车专业领域1+X认证师资培训、学生培训考核等一系列重点工作。通过顶层设计与规划、搭建项目平台、构建培训团队、优化育训方案、完善配套保障,积极开展全国试考、加强研究与宣传等措施,加快证书制度试点的落地生根,取得了明显成效。

一、顶层设计规划 设立组织机构

为了促进1+X证书制度试点项目的有效运行,学校党政领导高度重视,将1+X证书制度列为"一把手"工程,党政联合发文,成立了以党委书记、院长为组长的"学历证书+若干职业技能等级证书"制度试点工作组织机构;在教务处设立试点办公室,协调解决有关困难问题,配合陕西省教育厅整体推进试点工作;汽车工程学院设立汽车专业领域校企合作职业教育培训考核办公室。同时,在学校第六轮机构改革中,学校党委会审议通过,在汽车工程学院专设汽车专业领域1+X证书制度省级培训考核办公室负责人岗位,明确了具体工作联系人,对接陕西省教育厅试点工作指导协调机构和培训评价组织,协调证书实施工作,指导省内试点院校开展有关工作。

二、搭建交流平台 促进项目深化建设

学校在汽车专业领域1+X证书制度试点过程中,依托汽车专业领域1+X证书制度省级办公室单位,积极对接陕西省教育厅与培训评价组织搭建政策宣贯交流平台,在省域内组织开展与试点工作有关的说明会、研讨会及培训会等。

(1)2019年5月,邀请国家教育行政学院学术委员会主任、职业教育研究中心主任邢晖教授围绕《"职教20条"与"扩招"引发职校改革及其应对》召开制度宣传解读会,统一认识,达成共识(图1)。

(2)2019年6月,承办汽车专业领域1+X证书制度全国试点工作说明会,来自全国各省、市的90余所单位、200余名领导及教师参加了会议,并组织召开了汽车专业领域1+X证书制度全国省级考核办公室工作推进会(图2)。

图1 国家教育行政学院邢晖教授做政策解读

图2 组织召开汽车专业领域1+X证书制度全国试点工作推进会

(3)2019年9月,举办全国汽车专业领域产教融合职业技能提升行动方案1+X职业技能等级证书建设专家学习班,共有17个省份的43所试点院校、117名学员参加了此次培训,积极推动了全国汽车专业领域1+X证书制度师资认证(图3)。

图3 举办全国汽车专业领域1+X职业技能等级证书建设专家师资培训

(4)2019年12月,积极对接陕西省教育厅和培训评价组织,将国家职业标准、教学标准、1+X标准、设施标准等纳入培训方案,切实做好省域内1+X证书制度试点院校教师素质提高计划培训工作。

三、加强队伍建设　建立高素质团队

为扎实推动汽车专业1+X证书制度的落实,学校结合教师教学创新团队建设,加大"种子"师资的培育力度,选派能够驾驭校企"两个讲台"、适应"双岗"需求的专职教师和劳动模范、能工巧匠、企业技术人才、高技能人才等兼职教师,参加评价组织培训师、考评员考核认证。已组建了一支由17位"种子"教师组成,专业带头人、教研室主任引领,覆盖汽车专业群的1+X证书培训讲师团,其中1人已被评价组织聘为专家。同时,学校鼓励教师积极承担证书的培训任务,与北京、江苏、山东、福建、云南、四川、重庆等省、市牵头试点院校达成组建培训联合体的合作意向,通过师资互聘开展培训,实现"优势互补、资源共享"(图4)。

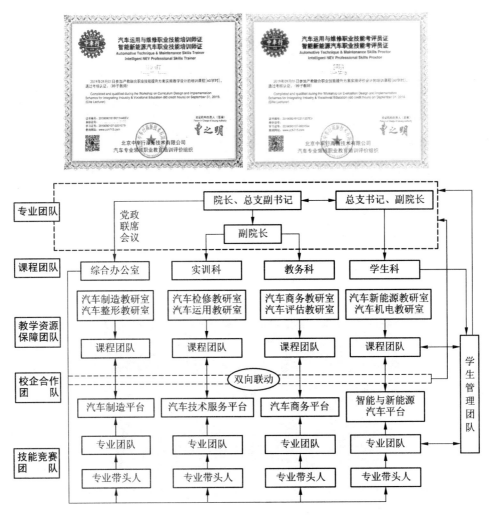

图4　覆盖汽车专业群的1+X证书高素质团队

四、优化育训方案　促进课证融通

专业人才培养方案是职业院校落实党和国家关于技术技能人才培养总体要求,组织开展教学活动、安排教学任务的规范性文件,《教育部关于职业院校专业人才培养方案制订与实施工作的指导意见》是实施专业人才培养和开展质量评价的基本依据。紧跟高职招生对象变化新形势,一是以汽车检测与维修技术与新能源汽车技术专业职业教育国家教学标准为基本遵循,坚持"标准引领、任务驱动",对接融入1+X标准中的汽车动力与驱动系统综合分析技术、汽车转向悬挂与制动安全系统技术、汽车电子电气与空调舒适系统技术、汽车全车网关控制与娱乐系统技术、汽车I/M检测与排放控制治理技术等5个认证模块,优化人才培养培训方案,重构形成"基础共享、专业特色、拓展交叉"的专业课程体系,提高人才培养的灵活性、适应性及针对性。二是从国家、省级两个层面,联合32家全国汽车试点牵头院校以及陕西省42家试点院校,建立汽车专业领域1+X证书制度推进工作协作组,共同研讨汽车专业课程考试与职业技能等级考核统筹安排、同步评价的课证融通与学习成果积累方案。

五、完善配套支持　保障项目实施

一是采取多方合作方式,在现有场地设施资源的基础上,按照培训项目与产业需求对接、培训内容与职业标准对接、培训过程与生产过程对接的要求,共建集实践教学、社会培训、真实生产和技术服务于一体的标准化培训实训基地,推动实训基地面向职业院校和城乡各类劳动者提供技能训练、技能鉴定、创业孵化、师资培训等服务。二是按照汽车专业1+X标准,完成1+X试点专业2020年实训室建设方案论证。三是在分配制度改革中,完善教师工作绩效考核办法,将培训服务课时量和培训成效等作为教师工作绩效考核的重要内容,将一线教师额外承担的职业技能等级证书培训工作量按一定比例折算成全日制学生培养工作量,纳入绩效工资分配因素范围。

六、积极开展全国试考　引领改革发展

一是在评价组织的统一协调下,安排4名教师与全国省办校专家组织全国首批试考评专题研讨会(图5),完善优化题目设计、考场条件、考核规范、评价标准。二是在陕西省教育厅指导下,2019年11月13—14日和2020年1月13—14日,与评价组织联合组织陕西省汽车专业领域1+X证书试考评(图6),完成两批共122名学生的试验性考评(图7),考评全程录像并报评价组织。三是辐射带动区域试点院校对证书制度的落地实施,在全国试考评前发布观摩邀请函,邀请全国30多所职业院校的50余名汽车领域专家全程参加并观摩考核。四是组织兄弟院校召开评价、考核实施研讨会,答疑解惑、交流经验、共同推进。五是协调安排督考、考官指导陕西国防工业职业技术学院、延安职业技术学院、汉中职业技术学院等4所高职院校,三原职教中心、神木职教中心、旬阳职教中心、陕西电子信息学校等6所中职院校推进试考评工作。

图5　与全国省办校专家组织汽车专业领域1+X证书试考评

图6　组织陕西省汽车专业领域1+X证书首批试考评启动会

图7　学生获取汽车运用与维修职业技能等级证书的系统记录

七、加强研究与宣传　扩大影响力

一是试点办公室按照"试点探索与研究总结并举"思路，积极申报"1+X证书制度背景下国际化高职汽车专业人才'多元协作双主体'培养培训模式创新与实践"省级教改重点攻关课题进行理论研究。二是加强与媒体的联系，通过媒体报道形式，展示学校汽车专业领域1+X证书制度试点工作取得的成效，为更多同类院校提供有价值、可借鉴的改革经验。《中国交通报》《三秦都市报》《陕西教育报》《西安晚报》《各界导报》和陕西教育新闻网、陕西传媒网、搜狐网、新浪官方微博网等来自全国的10余家主流媒体关注并报道了学校汽车专业领域 1+X 证书制度试点工作,社会综合影响力得到极大提升(图8)。

图8 媒体报道及荣誉(部分)

(陕西交通职业技术学院 刘 涛 廖发良 江 泉)

西安铁路职业技术学院物流管理1+X证书制度试点案例

一、积极调研,及时申报

2019年上半年,西安铁路职业技术学院物流教研室组织专业骨干教师经过多次企业调研、专业研讨,积极申报1+X证书制度试点专业。

2019年7月,教育部职业技术教育中心研究所根据《关于做好首批1+X证书制度试点工作的通知》要求,下发了《关于首批1+X证书制度试点院校名单的公告》(教职所〔2019〕141号)文件,公布了国家首批1+X证书制度试点院校,西安铁路职业技术学院被确定为首批1+X证书制度试点院校,物流管理专业被确定为首批1+X证书制度试点专业。

1+X证书制度中的"1"是指学历证书,"X"为若干职业技能等级证书。学历证书是基础,职业技能等级证书是学历证书的强化、补充和拓展。

西安铁路职业技术学院物流管理专业被确定为国家首批1+X证书制度试点专业后,交通运输学院迅速成立了1+X证书制度试点团队,认真学习国务院印发的《国家职业教育改革实施方案》,教育部、财政部《关于实施中国特色高水平高职学校和专业建设计划的意见》和有关1+X证书制度试点的文件精神。按照教育部要求,积极开展1+X证书制度试点工作和"学分银行"的探索。

二、学校重视,制度保障

西安铁路职业技术学院领导高度重视试点工作。自2019年7月物流管理专业获批试点以来,学校要求教务处、交通运输学院积极组织相关人员认真学习教育部试点相关文件,组建试点工作团队并召开多次会议推进学校试点建设工作。其间,学校出台了《西安铁路职业技术学院关于成立1+X证书制度试点工作领导小组的通知》,制订了《西安铁路职业技术学院试点专业实施方案》,并将试点要求融入专业建设、课程建设、教师队伍建设、实践教学条件建设等各个方面,从而全面提升教育教学质量和学生综合素质。

三、周密部署,认真培训

(一)培训师资

(1)2019年6月15日,西安铁路职业技术学院选派交通运输学院院长徐小勇和物流教研室主任王公强参加物流管理1+X证书制度试点工作说明会(长沙)。会议详细解读了《国家职业教育改革实施方案》精神，介绍了物流管理1+X证书制度试点总体设计方案，对物流管理1+X证书制度试点的总体要求、标准建设、教材开发、师资培训及具体实施做了深入剖析，培训教师收获颇丰。为扎实推进"学历证书+若干职业技能等级证书"制度试点工作，学校率先探索，大胆实践，力争在试点方法与经验上成为全国示范。

（2）2019年8月19日，为了深入理解物流管理1+X证书制度实施内容，学校选派物流教研室主任王公强和副主任贾苏绒参加物流管理1+X证书职业技能等级标准（中级）宣贯及师资能力提升高级研修班（南京）培训学习，培训的主要内容包括物流管理职业基础及中级技能培训内容的解读和串讲、实训体系及考核方案介绍、培训方法与工具及培训组织研讨、书证融通、"学分银行"等。通过培训，进一步提高了教师对1+X证书制度内涵的理解，清楚了证书制度培训对于师资的要求，明确了证书制度的实施过程。

（3）选派专业带头人王公强老师于2019年10月10日赴徐州参加全国物流管理1+X证书制度试点考核站点申报培训工作会，明确了考核站点的申报及考核要求（图1）。

（4）2019年10月18—19日，交通运输学院委派阎黎老师参加物流行业指导委员会年会暨第十一届全国职业院校物流专业研讨会（图2），会上就物流管理专业1+X证书制度的设计和实施等进行了研讨，培训教师深入领会了1+X证书制度的内涵和意义，并将培训资料在教研室进行共享分析，提升了培训教师的整体培训水平。

图1 教师参加1+X证书制度试点考核站点申报培训会

图2 教师参加物流行业指导委员会年会

（二）研讨

1. 解读文件，研讨标准

学习、解读1+X证书制度相关文件，领会文件精神。深入学习研讨教育部、国家发展和改革委员会等四部门联合印发的《关于在院校实施"学历证书+若干职业技能等级证书"制度试点方案》和《物流管理职业技能等级标准》(中国物流与采购联合会标准),充分理解物流管理职业技能等级(中级)证书对于职业功能、工作内容、技能要求及相关知识的内容及要求,研讨日常教学的组织管理。

交通运输学院利用暑假完成了2019级物流管理专业1+X证书制度试点人才培养方案及课程标准的修订工作,试点的前期准备工作已经全部到位。

2. 学习培训教材,讨论培训内容

利用教学研讨时间,组织专业骨干教师学习物流管理职业技能等级认证教材《职业基础》和物流管理职业技能等级认证教材(中级)内容,对照目前专业课程学习内容,讨论2018级第一期教学中缺少的培训内容中的"X"类知识点(项目)(图3)。

图3 组织专业骨干教师学习、研讨、培训

3. 实操讲评和集体研讨

在第6~9教学周,培训教师按照培训计划和培训要求,完成了职业基础和物流管理职业技能等级证书(中级技能)的理论培训。教师利用课余时间对理论内容进行复习强化,对测试题进行讲评。

图4 教师进行线上实作题研讨培训

1+X职业技能等级证书考核还包括线上实作题考核。2019年11月5日下午,物流管理专业召集全体培训教师进行线上实作题研讨培训(图4)。教研室主任王公强对考核的内容进行了详细说明和讲解,本次考核包括线上理论、线上实作和实训场地实操3个部分,他结合理论培训内容进行分工,对线上实作题的内容进行了内容模块讲解,并督促所有培训教师认真完成实作题的培训任务。教研室副主任贾苏绒对实操培训和线上实作培训进行了具体布置分工(表1)。

表1 培训内容具体分工表

考核内容	培训教师	培训地点
线上理论	物流教研室全体教师	教室
线上实作	王公强 贾苏绒 江 敏 胡宁霞 龚 鹏 朱 梅	教室
场地实操	王公强 贾苏绒 龚 鹏	物流综合实训室

（三）召开动员会，选拔拟培训学生

与学工部门对接，了解2018级物流管理专业和铁路物流管理专业4个班级学生上一学年的考试成绩，动员任课教师在课余时间与学生进行广泛深入地沟通，宣传1+X制度的内涵和意义，调动拟培训学生的积极性。

为了让培训师生正确认识1+X证书制度的意义，激励培训学生认真培训，提高1+X证书首次考核通过率，2019年10月9日，交通运输学院在阶梯教室召开了物流管理1+X证书制度培训动员会，物流管理专业1801班、1802班60余名学生及物流教研室各培训教师参加了本次会议（图5）。交通运输学院院长徐小勇指出，1+X证书制度是国家深化职业教育改革的重要举措，也是高水平高职院校

图5 召开1+X证书制度试点培训动员会

和专业建设的重要体现，并激励学生珍惜难得的培训机会，认真学习，将专业知识和技能学扎实，提升自己的学习能力和专业能力。物流教研室主任王公强为同学们进一步分析了1+X证书的行业需求并提出了殷切期望。物流教研室副主任贾苏绒对具体培训安排做出了详细部署，强调了培训纪律，提出了具体的培训要求。

（四）制订培训计划

经过调研和积极研讨，确定职业基础及中级培训任务分工。

教研室在集体学习培训文件、集体讨论培训大纲（图6）的基础上，结合每个教师的专业特长和任课情况，本着"教师自愿和专业特长"相结合的原则，分解培训任务（表2）。

图6 教研室在集体学习、研讨

表2　物流管理职业技能等级认证职业基础及中级培训任务分解表

模块	序号	知识点(项目)	学习内容	授课教师
职业基础	1	职业道德和环境保护与职业健康安全认知	(1)职业道德与服务意识认知	龚　鹏
			(2)环境保护与职业健康安全认知	江　敏
	2	物流基础与行业认知	(1)物流基本概念认知	马妙明
			(2)供应链管理认知	夏彩云
			(3)组织环境认知	马妙明
			(4)前沿发展与创新认知	马妙明
	3	基本管理技能应用	(1)办公文书的撰写	李　敏
			(2)自我管理与沟通	
			(3)工作效能提升工具	
			(4)物流职业礼仪	
	4	物流创新与创业	(1)物流管理中的创新思维	崔亚琼
			(2)物流行业初创企业的设立与运营	
中级技能	1	物流市场开发与客户管理	(1)物流市场调研	阎　黎
			(2)物流客户开发计划与实施	
			(3)物流管理项目投标	
			(4)客户异常处理	
	2	仓储与库存管理	(1)仓储作业管理(2018级)	贾苏绒
			(2)仓储布局与物流设施规划	李　敏
			(3)库存控制(2018级)	贾苏绒
	3	配送管理	(1)配送路线及配载优化(2018级)	贾苏绒
			(2)配送作业计划的制订与实施(2018级)	
	4	运输管理	(1)运输作业计划管理(2018级)	王公强
			(2)运输调度管理(2018级)	王公强
			(3)运输商务管理	龚　鹏
			(4)货代作业管理(2018级)	崔亚琼
	5	物流成本与绩效管理	(1)物流成本核算	朱　梅
			(2)物流成本控制	
			(3)物流绩效管理	
	6	数字化与智能化应用	(1)运输管理信息系统作业管理	肖　楠
			(2)智能化仓储系统作业管理	

(五)做好培训的实施

根据培训安排,培训教师根据认真准备的教案和计划开展1+X证书考证培训(图7)。

图 7　1+X 证书考证培训现场

测试题目尽量优化培训效果,督促学生尽心尽力准备月底的模拟考核。同时,各位教师积极登录物流云平台,查看 1+X 中级培训用课件 PPTv1.0 版本,优化培训效果。

四、积极准备,认真考核

(一)场地设备购置与布置

1+X 证书制度试点考核内容包括理论和实践两个方面。在理论教学资源建设方面,组织骨干教师建设培训资源。在实践教学条件建设方面,结合 1+X 证书制度考核要求,在原有实践教学条件的基础上,增建了部分设施设备,于 2019 年 9 月底施工完毕并提交验收。

物流管理专业教学团队积极、认真地做好物流管理专业技能考核站点的申报工作,及时进行拣货区的设备布置、信息采集工具的购置与使用调试。

2019 年 11 月 9 日,学校正式获批教育部第一批 1+X 证书制度试点(以下简称试点)物流管理职业技能考核站点,成为首批获得试点考核站点资质的院校之一(图 8)。

图 8　学校物流管理职业技能考核站点

（二）考核组织

1+X考证在即，为切实做好考证准备工作，教研室成立了考务工作小组，在物流综合实训室召开多次考务准备会，所有参会教师对照物流管理职业技能等级认证考核考务管理规范进行考务内容学习（表3）。

表3　物流管理职业技能等级认证考核考务管理规范表

物流管理职业技能等级认证考核考务管理规范				↓下载
用户角色	软件	说明	下载	操作文档下载
1.试点学校	报名软件	试点学校组织本校学生报名	↓下载	↓下载
2.考核站点	考务管理软件	实现考务组织管理,含试点学校报名功能	↓下载	↓下载
3.实务考核	管理端	安装在考场的管理服务器上	↓下载	↓下载
	学生端	安装在考场的学生电脑上	↓下载	↓下载
4.实操考核	手持终端软件	安装在手持终端上	↓下载 查看安装视频	↓下载

按照"物流管理职业技能等级考核考场管理和考务流程说明"，物流教研室组织全体教师进行了详细周密的考前准备，主要工作内容如下。

（1）制作考务手册。教务处、现代教育技术中心网络运维部门、公共机房、医务室、后勤保卫处、交通运输学院办公室等多部门协作，形成完善的考试方案。

（2）考场准备。包括实务考核4个公共机房考场的考核系统预装和机测，实操考核的考场及设备布置。

（3）考场布置。包括考场、考务办公室、考生备考室、候座位桌签、门贴、大幅《考试纪律》等所有考场布置细节的落实（图9）。

（4）实操考场的理货区、控制区、存储区、检录处以及考核工位等的布置。

（5）考核站点所有参与考核人员的统一考务会议。

（6）准备考生签到表、核对表、考场情况记录表、巡考情况记录表等认证考试需要的所有资料。

图9　实务考核和实操考场布置图

2019年12月7日,迎来学校首批1+X证书制度试点物流管理职业技能等级认证考核。由交通运输学院物流教研室承办的教育部1+X证书制度试点物流管理职业技能等级认证考核在西安铁路职业技术学院自强校区进行(图10)。此次考核认证共分线上职业基础考核、综合应用考核和线下实操考核3场,物流管理专业的80名学生参加了认证考核。交通运输学院积极与中国物流与采购联合会等主考单位沟通,进行了大量的准备工作,对学生进行了针对性辅导,为学校的内涵建设做出了积极贡献。

图10 物流管理职业技能等级认证考核现场

五、认证成绩名列全省前茅

经过严格的物流管理职业技能等级认证考核,学校参加认证考核的80名学生中有79名顺利通过了考核。

物流管理专业将1+X证书制度试点工作与专业建设、课程建设、师资队伍建设、实习实训基地建设、产教融合、校企合作结合起来,加强了专业的内涵建设,积极探索"双高计划"建设提出的复合型技术技能人才培养和评价模式改革,提高人才培养质量和学生就业能力;物流管理教研室加强产教融合、校企合作开发职业技能等级考证课程,对试点学生实现校企共育、资源共建、成果共享;教务处、现代教育技术中心、院办、学工办等部门大力支持、积极配合,顺利解决了试点过程中遇到的设备、学生组织等问题,保证了试点考核工作的圆满完成。

(西安铁路职业技术学院 王公强)

西安铁路职业技术学院
云计算平台运维与开发证书制度试点案例

新一代信息技术是国务院确定的7个战略性新兴产业之一。2015年国务院发布《中国制造2025》,提出把新一代信息技术产业作为重点领域,大力推动其突破发展。2016年的《"十三五"国家战略性新兴产业发展规划》提出壮大战略性新兴产业规模,到2020年把新一代信息技术产业及其他5个战略性新兴产业发展成为产值规模10万亿元级的新支柱。新一代信息技术产业已成为我国增强国际竞争力,保障国家安全,转变经济发展方式,带动新兴经济增长的重要途径,也成为区域促进产业结构转型升级,加快转变经济发展方式的重要抓手。国家相继把物联网、云计算、大数据、人工智能等新兴产业上升为国家战略,但随着产业的快速发展,新型信息技术人才缺口预计2025年将达到950万人,这对当下高技能人才的能力提出了新的挑战。高校为适应社会需求调整学科专业,开设了云计算、大数据、人工智能等新专业或方向。为积极响应国家提出的战略方针,配合完成好育人环节的工作,针对目前专业建设的现状提出深化复合型技术技能人才培养培训模式改革,借鉴国际职业教育培训的普遍做法,制订工作方案和具体管理办法,启动1+X证书制度试点工作。试点工作要进一步发挥好学历证书的作用,夯实学生可持续发展基础,鼓励职业院校学生在获得学历证书的同时,积极取得多类职业技能等级证书,拓展就业创业本领,缓解结构性就业矛盾。

西安铁路职业技术学院作为具有悠久办学历史的公办高等职业院校,专业设置合理,师资队伍强大,实训实验条件完备。在此次云计算平台运维与开发1+X证书制度试点工作中学校积极响应国家号召,主动工作,云计算技术与应用专业2019年10月获批云计算平台运维与开发1+X证书制度试点。学校积极开展工作,先后成立了1+X证书制度试点领导机构,负责顶层的设计工作;成立了以专业学科带头人为主、骨干教师为辅的证书制度试点工作队伍。两支队伍上下联动、有效配合,高效、平稳地进行学校证书制度试点文件制定及相关工作的开展。学校以云计算开发与运维1+X证书制度试点工作为依托,将证书职业岗位要求融入专业人才培养方案,及时更新专业课程体系,力争形成以证书制度试点工作带动专业协同发展,专业发展又促进证书制度试点更好推进的良性局面,积累了一些有益的经验。

一、体制机制建设

西安铁路职业技术学院领导高度重视1+X证书制度试点工作。自第一批物流管理1+X证书制度试点获批以来,电子信息学院在学校要求下,积极组织开展校内各专业证书制度试点的申报培育工作。

电子信息学院院长孙津平及云计算专业带头人朱金坛于2019年9月23—25日在厦门参加了云计算平台运维与开发1+X证书试点工作说明会(图1),深入学习1+X证书制度相关文件精神和"学分银行"的建设思路,详细了解云计算平台运维和开发职业技能等级标准。

教育部遴选确定第二批1+X证书试点院校,其中云计算平台运维与开发证书试点首批在全国288所院校开展,西安铁路职业技术学院被确定为陕西省6所开展云计算平台运维与开发证书制度试点工作的院校之一。

图1 专业带头人参加试点工作说明会

二、试点工作推进

1. 成立专门工作小组

西安铁路职业技术学院电子信息学院十分重视云计算平台运维与开发1+X证书制度试点工作,专门成立了以电子信息学院院长孙津平为组长、党总支书记张伟敏为副组长,以专业带头人、教研室主任和骨干教师为成员的工作小组,落实成员的责任,部署安排后续工作。

2. 主动出击衔接企业

西安铁路职业技术学院在被确定为全国首批云计算平台运维与开发1+X证书制度试点院校后,电子信息学院作为该证书的培训主体单位主动开展工作,与证书标准及内容确定企业南京第五十五所技术开发有限公司密切沟通有关事宜,多次与公司驻陕办事处工作人员讨论交流,为后续工作捋顺思路(图2)。选派教师积极参与各种1+X证书制度试点工作会议,学习和借鉴兄弟院校的经验和做法。

3. 扩大试点工作影响

为推动国家1+X证书制度试点工作在电子信息学院各个专业落实,电子信息学院孙津平院长对各个专业带头人及骨干教师进行了1+X证书申报及实施方法解读(图3),组织安排专任教师深入相关专业班级向学生讲解国家实施1+X证书制度的重要意义及作用。

图2 教师参加全国培训

图3　1+X证书制度解读培训会

4.完善师资储备

提前从云计算技术与应用专任教师队伍中选拔理论知识扎实、实践操作娴熟的教师作为云计算平台运维与开发1+X证书制度试点工作的校方培训储备师资力量。

三、相关资料建设

1.修订纲领性文件

为进一步做好1+X证书制度试点工作,落实"职教20条",推进国家教学标准落地实施,提升职业教育质量,西安铁路职业技术学院围绕"如何将1+X证书的内容写进人才培养方案"以及在新的人才培养方案指导下进行相关课程标准开发等问题,邀请企业专业人员多次进行研讨(图4)。

图4　召开1+X证书制度试点研讨会

2.完善培训教材

随着1+X证书制度试点工作稳步推进,暴露出在学生认证培训方面存在的一些问题,尤其是现行授课教材无法很好匹配认证中所强调的知识点与技能点。为此,在建设中积极使用新型活页式、工作手册式教材并配套开发信息化资源,解决职业院校教材建设与企业生产实际脱节、内容陈旧老化、更新不及时、教材选用不规范等问题,多次与云计算平台运维与开发1+X证书制度试点工作企业支持方中国电科南京第五十五所技术开发有限公司开展合作,进行有益于学生学习的新形式教材的编写工作。

四、配套场地建设

为全力保障西安铁路职业技术学院云计算平台运维与开发1+X证书制度试点工作的有序进行,学校领导非常重视并给予大力支持。由于云计算平台运维与开发1+X试点工作的开展需要有良好的实训及硬件环境作为支撑,因此学校投资建立了功能齐全、设备先进的云计算技术与应用实训室,从而保证这项工作的顺利开展(图5)。

图5 功能齐全、设备先进的云计算技术与应用实训室

五、后续工作安排

西安铁路职业技术学院在后续工作中计划建成完整统一、技术先进、项目齐全、应用深入的师资培训基地,既能满足一定数量的教师培训需求,又能满足院校在云计算平台运维与开发认证课程教学科研、技能实训方面的应用需求,实现高职院校教师云计算平台运维与开发职业技能等级认证课程专业教学能力整体提升,努力打造一支数量足够、素质优良、结构合理的专业知识丰富、专业技能过硬和教学能力较强的"双师型"教师队伍,同时能够带动、辐射周边学校、企业成为同时提供云计算平台运维与开发1+X证书师资培训和技术支持的服务示范基地。

(西安铁路职业技术学院 朱金坛)

陕西财经职业技术学院
网店运营推广1+X证书制度试点案例

1+X证书制度是贯彻落实《国家职业教育改革实施方案》精神,推进产教融合,进一步发挥学历证书的作用,夯实学生可持续发展基础,拓展就业创业本领,缓解结构性就业矛盾的积极探索。陕西财经职业技术学院领导高度重视1+X证书制度,选派教师全程参与网店运营推广1+X职业技能等级证书制度试点的各项工作。

一、网店运营推广1+X证书制度试点工作全程参与

1. 积极参与网店运营推广1+X证书制度试点前期准备工作

2019年9月18—19日,陕西财经职业技术学院商学院派教师参加网店运营推广1+X职业技能等级证书试点工作说明会,会议安排了书证融通、职业教育国家"学分银行"建设等多场主题报告,并就企业用人需求及网店运营推广职业技能等级标准内容进行了座谈,对初、中、高级网店运营推广职业技能等级证书的教材大纲、样章进行了分组研讨,明确了教学标准与职业技能等级证书标准的对接融合(图1)。在商学院董媛院长的支持下,张馨予老师加入了网店运营推广职业技能等级证书(中级)教材编写组。

图1 教师参加网店运营推广1+X职业技能等级证书试点工作说明会

2019年10月3—7日,学校作为网店运营推广1+X证书教材编写单位,选派教师赴潍坊与团队成员经过激烈讨论后形成一致意见,网店推广理论教材、实训教材在第一轮企业大纲撰写、第二轮校企共同撰写的基础上,精炼出围绕"互联网+"新技术的网店

推广之SEO、SEM、信息流推广等新思维、新理论,圆满完成了任务(图2)。

图2　网店运营推广职业技能等级证书配套教材编审会讨论现场

2.学校获批网店运营推广职业技能等级证书试点院校

2019年10月12日,根据《关于第二批1+X证书制度试点院校名单的公告》(教职所〔2019〕257号),学校获批第二批1+X证书制度网店运营推广职业技能等级证书试点院校,并按照教育部要求按时提交了周报。

3.参与信息流部分理论教材的编写和教师培训工作

2019年10月22—26日,由北京鸿科经纬科技有限公司主办、江苏经贸职业技术学院承办的网店运营推广1+X职业技能等级证书师资培训会(南京站)在江苏经贸职业技术学院成功举办。商学院教师张馨予作为教材编写组成员参加了此次会议,并对教材再次进行了修改。

2019年11月7—13日,张馨予老师受邀承担了网店运营推广1+X职业技能等级证书中级师资培训班珠海站、南昌站信息流部分的培训工作(图3)。此次培训的内容主要围绕网店运营推广的信息流推广部分,结合企业岗位实际需求,从信息流的概念、排名机制、策略、账户搭建、优化等方面进行了分享,为学校网店运营推广1+X证书制度试点工作打下了扎实的基础。

图3　教师参加珠海站培训工作会议现场

4.青年教师参与网店运营推广1+X职业技能等级证书中级师资培训班

2019年11月12—16日,商学院选派营销、电商专业骨干教师王福荣、闫亚飞参加网店运营推广1+X职业技能等级证书中级师资重庆站培训班(图4),为后续完成网店运营推广职业技能等级证书试点工作的目标和任务、落实"学历证书+若干职业技能等级证书"的改革要求助力。

图4　骨干教师参加中级师资重庆站培训班

5.参与首批试点考核,顺利完成考务工作,为考评点申报奠定了基础

2019年12月6日,北京鸿科经纬科技有限公司发布网店运营推广职业技能等级证书考核方案,进行首批试点。

2019年12月6日—2020年1月3日,在没有教材,学校期末考试、综合实习、第三批百万扩招各种工作交织的情况下,商学院领导和教师克服种种困难,利用晚自习和业余时间对学生进行培训,申请首批试点考核。

2020年1月4日,顺利完成了110名学生的试点考务工作,为第二批网店运营推广1+X职业技能等级证书考评点的申报奠定了基础。

二、经验做法

1.成立1+X证书领导小组

陕西财经职业技术学院领导高度重视,专门成立了1+X证书制度试点工作领导小组,全面负责试点工作,制订了《陕西财经职业技术学院网店运营推广职业技能等级证书试点工作方案》,建立了周报制度,每周四提交周报。

2.真实运营环境的考核,进一步提升人才培养质量与岗位适应能力

网店运营推广中级考核以网店推广专员的基本工作内容与业务流程为基础,检验是否具备数据分析、审辩思维、数字素养等复合型技能。依托网店运营推广1+X企业联盟,以京东、三只松鼠、雷士照明、妖精的口袋、视客网等行业龙头企业为引领,密切与行业、企业联系。其中,知识考核着重考察搜索排名影响因素、标题优化策略、SEM推广策略、SEM账户搭建、信息流推广原理、实时竞价、信息流推广策略等内容;技能考核着重考察在给定推广资金范围内,考生为淘宝店铺做一个周期的网店推广活动,根据推广目标、推广资金与企业现状,制订推广方案,包括SEO优化、SEM推广和信息流推广,并

对推广效果的数据进行分析。

考核试题由行业、企业、院校专家基于真实业务典型场景开发,从新技术影响下的电子商务行业发展现状入手,立足真实的工作领域,对接具体应用场景,在考评方式上实现了技术突破,不再采用数据分析、报告撰写、方案制定等抽象的考核方式,而是通过人工智能的逆向应用,搭建闭环商业环境,考核结果直观、量化的考核方式,解决电子商务难学、难做、更难测的问题,让学生在真实的运营环境下看到数据化的运营结果,达到"知其然,也要知其所以然"的效果。

三、面临挑战

1. 时间紧,任务重

2019年12月6日发布等级证书考核方案,进行首批试点。这段时间与学校期末工作交织,学生期末考试、课程实训、综合实习,学生训练时间和机房协调难以保证。在3周的时间内完成了学生的组织、理论和实操培训以及考务工作,确实时间紧、任务重。

2. 教材出版较晚

自2019年10月第二批网店运营推广职业技能等级证书项目发布以来,组织方积极组织行业、企业、院校专家编写教材,内容紧跟电子商务行业变化步伐,更新量大,但出版时间较晚。

3. 培训内容对教师要求高

考核内容由行业、企业、院校专家基于真实业务的典型场景开发,动态考核,改变了试题库和抽象报告的模式。如为淘宝店铺或宝贝做一个周期的网店推广活动,根据推广目标、推广资金与企业现状,制订推广方案,包括SEO优化、SEM推广和信息流推广,并对推广效果的数据进行分析,对教师的实际企业实践运营能力提出了更高的要求。

四、意见建议

1. 建立健全组织机构

在学校成立1+X证书领导小组的基础上,建议学校成立1+X证书办公室,全面指导1+X证书试点工作有序开展。为激励学生考证的积极性,建议出台《陕西财经职业技术学院网店运营推广职业技能等级证书成绩与课程期末成绩互认办法》等规范性制度文件。加快推进人才培养创新机制建设、实训基地建设,加强专业教育教学创新教师团队建设,建立学校各个层级的教学改革保障制度,为1+X证书制度试点工作提供有力保障。

2. 建议召开证书企业推广沟通座谈会

了解行业发展现状,同时向本地行业龙头电商企业的人力资源、运营部门负责人介绍网店运营推广职业技能等级标准及证书相关内容,引导学生正确进行自我职业分析,做好职业生涯规划。充分发挥证书的作用,提升其含金量和企业认可度,而不是重蹈已经取消的证书的覆辙。

3. 加强师资培训

随着师资培训工作的不断开展，聚焦企业关键岗位能力、典型工作任务，提升后续考评员的考核门槛，改变参加培训就发证的现象；培育一批真正的网店运营推广培训教师，建立一支能够引领教学模式改革的教师创新团队；实现课程体系与岗位需求对接，学习内容与工作内容对接，校内教学资源与企业培训资源对接。

五、下一步工作打算

1. 教师参考首批考评员考试，学校申报考评点

2020年，作为教育部遴选的承担网店运营推广1+X职业技能等级证书试点工作职业教育培训评价组织，北京鸿科经纬科技有限公司将按照网店运营推广职业技能等级标准及证书的后续工作安排进行首批考评员考试工作，学校教师应积极备考。学校在经过顺利组织网店运营推广1+X职业技能等级证书首次考核试点后，将积极申请成为陕西省网店运营推广1+X职业技能等级证书考评点，进一步提升教育培训质量，提高教师实施教学、培训和考核评价的水平。

2. 加强教师企业实践

鼓励教师利用暑期进入电子商务企业跟班实践，增强教师对实际工作的操作能力。

（陕西财经职业技术学院　张馨予）

陕西财经职业技术学院
物流管理 1+X 证书制度试点案例

一、主要内容

1. 人才培养模式

通过对用人单位和本专业学生的调研资料进行分析,提炼出高职院校物流管理专业的职业核心能力;围绕职业核心能力进行教学课程体系的研究开发,形成 1+X 证书制度下的物流管理专业人才培养方案,最终达到提升学生的实践能力,满足企业的人才需求。此外,根据 1+X 证书制度下物流管理专业人才培养方案,1+X 职业技能等级证书可以按照规定兑换学分,免修相应课程。

2. 课程融通

陕西财经职业技术学院物流管理专业 1+X 职业技能等级为中级,该等级适用于高等职业院校的物流类专业学生。课证融通学时学分安排如表 1 所示。

表 1 课证融通学时学分安排表

职业技能等级标准				专业教学标准				备注
工作领域	工作任务	学时	学分	课程名称	衔接融通关系	学时	学分	
1. 职业道德与职业安全及环保认知	1.1 职业道德和服务意识认知	2		职业素质	强化	4	0.25	
	1.2 职业安全和健康保障	4		职业素质	补修	4	0.25	
2. 物流基础与行业认知	2.1 物流基本概念认知	2		物流管理基础	免修	8	0.5	
	2.2 供应链管理认知	4	2	供应链管理实务	免修	16	1	
	2.3 组织环境认知	2		管理学	补修	2	0.125	
	2.4 前沿发展与创新认知	2		物流管理基础	补修	2	0.125	
3. 基本管理技能应用	3.1 数字应用与办公处理	2		应用文写作	强化	16	1	
	3.2 自我管理与沟通合作	2		职业素质 管理学	补修	2	0.125	
	3.3 管理理论与方法应用	2		职业素质 管理学	补修	2	0.125	
	3.4 物流职业礼仪			职业素质 社交礼仪	强化	4	0.25	

3. 1+X 证书与产教融合

随着 1+X 证书制度试点工作在学校的开展,新产教融合模式缓缓落地。要让职业技能等级证书内容融入学历教育中,就需要将证书所要求的相关技能融入课程教学中。因此,陕西财经职业技术学院将职业证书作为必选项,获得证书与否将成为课程的多种考核形式之一。鼓励开设更多"学位+证书"新项目,紧随企业标准,课程常教常新,职业证书教育全面发力,将"学位+证书"模式打造成学校的特色。自 2019 年实施 1+X 证书制度项目以来,在校学生既可以在课堂上学习基础知识,又能根据兴趣选择考取不同方向的证书;任课教师在 1+X 证书制度下开展教师全员培训,实施职业院校教师境内外培训计划,并且每位教师每年至少有 1 个月时间在企业或实训基地实习,完善"固定岗+流动岗"资源配置新机制,支持高职院校聘请产业导师到学校任教,遴选、建设兼职教师资源库。

4. 1+X 证书与现代学徒制的融通

物流管理 1+X 证书与现代学徒制两个试点项目的融通,是推进"三教"改革和产教融合的一项创新性举措。通过课程置换认证、学习成果认证、积累与转换,实现课证融通、书证融通,促进"工学交替、岗位培养"育人模式的深化。为了实现课证融通,陕西财经职业技术学院将培训内容有机融入学历教育专业人才培养方案中,并建立了课证融通学时学分体系。为实现书证融通,处理好学历证书"1"与职业技能等级证书"X"的关系,学校对"X"证书培训和专业教学进行了统筹安排,对教学内容、实践场所、组织形式、教学时间、师资安排均做了详细计划。

5. 国际化实践探索

自 2019 年以来,陕西财经职业技术学院充分认识到对外交流与合作在高水平应用型大学建设中的重要地位和作用,稳步实施开放办学、开门办学、国际化办学的理念和思路,成立了专项外事机构——国际交流与合作中心,先后与澳大利亚墨尔本理工学院、马来西亚吉隆坡建设大学、泰国西那瓦大学建立了合作关系,实行专业课程对接,学分互认。推选物流管理教研室李栋老师公派出国留学,还将开展与德国 BSK 教育集团、洪堡大学、IST 管理应用技术大学等的多项交流合作。在 1+X 证书制度指导下,学校不断创新"校企合作、工学结合、顶岗实习"的人才培养模式,形成了适应各专业特点的人才培养方案,构建了基于提升岗位职业能力的理论教学体系和实践教学体系。实施 1+X 证书制度,加强学生的技能培训,让学生不仅取得学历证书,同时还获得职业能力等级证书,为社会培养更多高素质技能型人才。

6. 2020 年实践规划

2020 年,在 1+X 证书制度项目的要求下,陕西财经职业技术学院在管理机制方面将继续完善物流管理职业技能等级证书培训、考核评价、认定、学分转换等证书制度运行机制,鼓励在校学生积极考取物流职业技能等级证书,拓宽就业领域和拓展创业能力。在教学层面,物流管理教研室将根据人才培养目标、就业面向、人才规格与物流管理职业岗位能力要求,持续更新物流管理专业(群)人才培养方案,重构物流管理专业课程体系,优化课程设置和教学内容。

二、具体做法及取得成效

1. 培训方式

2019年10月7日,陕西财经职业技术学院商学院启动了物流管理1+X证书试点培训工作,由李栋、刘昙两位老师实施培训,李少帅、吴雨嵩等202名学生参加培训,培训年级为物流管理专业2017级(单班)、2018级(单班)和2019级(双班)。培训时间为2019年10月7日—12月6日,整个培训过程实行培训包干制,即李栋老师负责2017级的所有培训任务,刘昙老师负责2018级和2019级的所有培训任务。培训内容包括职业基础、中级理论知识和物流作业操作。

2. 取得成效

培训教师对各自所带班级进行全程跟随培训,2019年12月7—8日共有144名学生参加考核,均取得合格成绩,合格率达到100%。

三、特色亮点与经验总结

1. 特色亮点

物流管理1+X证书培训工作与职业教育教学诊改工作重叠在一起,培训教师有繁重的诊改任务;"双十一"期间,2017级和2018级物流管理专业学生有为期15天的校企合作实践;2019级为大一新生,物流基础知识薄弱。针对以上各种情况,整个培训过程实行包干制培训形式,即培训教师针对各自所带的培训班级实行因地制宜式的培训管理。对2017级与2018级学生在晚自习与周末进行培训,对2019级新生在"双十一"期间进行为期两周的停课强训。

2. 经验总结

在时间紧、任务重的形势下,这次考核能取得100%的通过率,离不开学校领导的高度重视与支持。在学校部署层面,商学院成立了物流管理专业1+X证书试点工作小组,负责宣传、报名、培训、组织考核等工作。在培训实施层面,为保证培训效果、获得较高的通过率,由获得培训讲师资格证书的教师开展培训工作,并对培训工作制定了详细计划。商学院从各个环节积极配合试点工作,保障了首批物流管理专业1+X证书试点工作顺利完成。

四、支撑材料

(1)2019年6月14日,李栋老师参加了由湖南现代物流职业技术学院举办的物流管理1+X证书制度试点工作说明会(图1)。

(2)2019年10月7日,商学院启动物流管理1+X证书试点培训,共有202名学生参加培训。图2

图1 李栋老师参加物流管理1+X证书制度试点工作说明会

为刘昙老师在讲授现场。

（3）物流管理专业1+X证书试点工作小组充分调动资源，提供培训与考场所需的保障条件。图3为机房与实操考点布置情况。

（4）物流管理专业1+X证书培训成绩揭晓后，陕西财经职业技术学院官网做了报道（图4）。

图2　刘昙老师在讲授现场　　　　　图3　机房与实操考点布置

图4　陕西财经职业技术学院官网的报道

（陕西财经职业技术学院　刘　昙）

宝鸡职业技术学院
汽车运用与维修1+X证书制度试点案例

一、实施背景

宝鸡职业技术学院按照全国教育大会部署,为了贯彻落实《国家职业教育改革实施方案》(国发〔2019〕4号),根据"管好两端、规范中间、书证融通、办学多元"的原则,严把教学标准和毕业学生质量标准两个关口。

学校积极响应教育部等四部门印发的《关于在院校实施"学历证书+若干职业技能等级证书"制度试点方案》(教职成〔2019〕6号),落实《关于做好首批1+X证书制度试点工作通知》(教职成司函〔2019〕36号)精神,"按照高质量发展要求,坚持以学生为中心,深化复合型技术技能人才培养培训模式和评价模式改革",落实职业院校学历教育和培训并举并重的法定职责,以达成"特色双高"的要求与目标,坚持学历教育与职业培训相结合的基本原则,为实施高质量职业培训,确保证书质量、声誉,认真实施1+X证书制度并建设汽车专业领域(1+X办公室)实施方案,积极申报试点院校,建立学校职能部门统一协调管理运行机制,坚持周报制度,按时完成每周工作任务,积极筹备1+X证书试考评。在学校领导的大力支持下,于2019年12月28日顺利完成了试考评工作任务。

二、主要目标

(1)在成功申请试点院校的基础上,熟悉1+X证书制度试点工作要点,明确试点工作内容,为后续工作的开展奠定良好基础。

(2)通过周报的形式对日常1+X证书试点工作进行总结。

(3)教学团队教师熟悉试考评工作流程,按照试考评工作考务群指令,组织试考评现场各项事务,精心组织部署试考评现场环境及安排考务人员、后勤保障人员,解决试考评工作中出现的各种问题,顺利完成试考评工作任务。

三、工作过程

1. 参加1+X证书制度相关会议

项目负责人许亚军及教学团队教师通过参加1+X证书制度各项说明会和观摩会,全面熟悉1+X证书制度试点工作、试考评现场的布置和考核流程(图1至图3)。

2. 按照试点院校要求及时上传工作周报

按照教育部的要求,试点院校要对每周的工作进行总结,经学校负责人签字后以周

图 1　教师参加在陕西交通职业技术学院举行的 1＋X 证书试点工作说明会

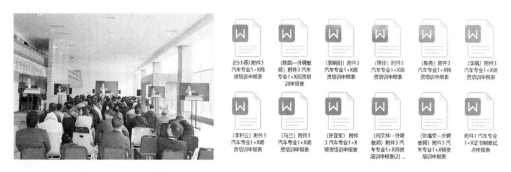

图 2　教师参加北京交通职业学院研讨会　　图 3　12 名专兼职教师提交了培训申请书

报的形式上传网络进行审核。项目负责人积极完成 1＋X 证书项目相关的日常工作,并按时上报周报,2019 年提交平台的周报全部通过了审核。2019 年审核通过的部分周报如图 4 所示。

3. 精心完成试考评工作

教学团队教师熟悉试考评工作流程,按照试考评工作考务群指令,组织试考评现场的各项事务,精心组织、部署试考评现场,安排考务人员、后勤保障人员解决试考评工作中出现的各种问题,顺利完成了试考评工作任务。

(1)由于宝鸡职业技术学院汽车专业是第一次进行 1＋X 证书试考评,对于考核取证工作来说难度非常大。我们及时加入 1＋X 证书试考评考务群,认真听取群内的指令,确定考核试题,根据学校现有的设备和条件,认真对试题进行研读和修改,形成 1＋X 证书试考评考核试题及答案。在试题的基础上,提交了监考官表,督考、巡考信息表,考核签到表,考核换组翻转表,考务人员签到表等(图 5、图 6)。

(2)考核车辆及 4 个工位的准备。对于不同的考核项目,项目团队详细讨论,并将实训车辆进行了移位整理,安排了 8 辆实训车辆承担考核任务。考核共有四大模块,设置了 A、B 两组 8 个工位同时进行考核,满足了考核要求并按期完成。

图4 2019年审核通过的部分周报

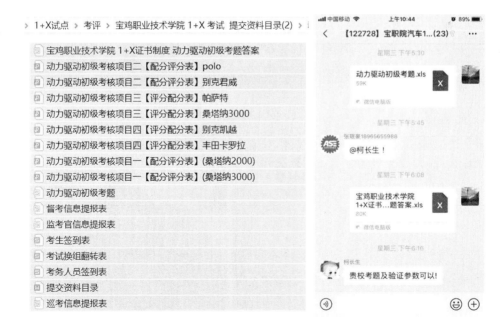

图5 1+X证书考核提交的考题及考务资料　　　图6 考务群

(3)耗材及工位考核用品的准备。对4个工位考核过程进行了细化分析,将每个工位的耗材及工具用品逐一清点,包括保养油品、操作工具、现场清洁等,满足考生在考试全过程中的操作需求(图7)。另外,对于紧缺的设备,采用租赁的形式,租赁自动变速器加油机两天,满足了考核的硬件要求。

图7 1+X证书考核现场准备

(4)考证前的培训工作。对于考核的4个模块,教师是第一次参加考评,对个别环节不是很熟悉,在试考评前,对全体考评教师进行考核项目的培训和辅导,掌握试考评过程中学生应会的正确操作方法和流程,以保证试考评工作顺利开展。由于时间较紧,教师利用晚上的时间加班加点进行培训,对参考学生也进行了培训,以保证试考评工作如期举行(图8)。

图8　1+X证书考核师生加班培训

(5)试考评现场的视频录制。由于要求考评现场考核的操作过程全程录像,在不具备全程录制设备的情况下采购了8副落地式手机支架,在学生中优选25名学生志愿者承担现场视频录像、后勤保障、考核引导等工作,保障了考生操作视频的顺利录制和保存以及考场秩序(图9)。

图9　试考评现场的视频录制志愿者

(6)后期成绩的汇总和视频资料的整理。汽车运用与维修1+X证书试考评结束后,学生成绩的及时汇总和视频资料的整理命名也是一项复杂的系统性工作,教师团队对学生4个模块的考评成绩认真汇总登记到成绩系统中,得出试考评学生的过关率。将视频资料逐一进行命名并保存至移动硬盘,最后将成绩汇总表及视频资料移动硬盘邮递至中车行，圆满完成了试考评工作。

四、经验及不足

1. 试考评经验与工作创意

（1）认真研读试考评试题，对照现有实训设备，对试题内容进行及时调整，使试题和考核设备相匹配，有利于考核项目的顺利实施。

（2）对照试题将考核车辆及设备进行调整和整合，对紧缺的个别设备采用租赁形式，满足了4个考核模块的需求。

（3）及时购买录像用手机支架，优选学生志愿者以满足现场视频录制的需要，保证了试考评现场秩序井然。

2. 不足之处

（1）由于汽车运用与维修1+X项目是第一次进行试考评，在考核过程中没有考虑到部分车辆或设备在使用过程中会出现异常情况的可能性，导致考核现场出现了短暂停滞这个意外。

（2）由于试考评工作有限期完成要求，在教师及考生的培训方面较为欠缺，在后面的考评中应有计划地早培训、早安排，从而保证试考评工作顺利开展。

五、未来规划

通过对2019年的工作总结，未来规划如下。

（1）加强对教师的培训考核工作，尽快使教师进入角色，以便2020年的各项工作任务顺利完成。

（2）在2019年试考评工作的基础上，不断加强1+X技能取证现场的考核环境建设，对在考核现场容易突发的异常情况提前做好预案，确保考评工作的顺利开展。

（3）在1+X证书取证工作持续推进的基础上，不断完善汽车专业人才培养方案，使技能考核项目逐渐融入实训教学中，从而提高汽车专业人才的培养质量。

（宝鸡职业技术学院　许亚军）

宝鸡职业技术学院
母婴护理1+X证书制度试点案例

一、研究背景

为贯彻落实《国家职业教育改革实施方案》中提出的"学历证书+若干职业技能等级证书"(简称1+X证书)制度试点工作要求,积极探索从技能型人才供给端着力,改革人才培养模式,为社会输出高技能人才的新途径,宝鸡职业技术学院积极响应申报了母婴护理1+X职业技能等级证书制度试点项目,母婴护理1+X职业技能等级证书校级考核站点已经顺利通过专家认定获批,母婴护理1+X职业技能考证试点工作正式启动。

在1+X证书制度试点工作中,宝鸡职业技术学院着重进行了证书制度实施的背景、内涵、路径研究与实践,以护理助产专业(群)为基本单元,对接专业技能等级证书和标准,优化人才培养方案,探索培养培训模式,打造专、兼结合师资队伍,创新校企合作路径,拓宽社会服务层面,推进学历证书和职业技能等级证书有机衔接。严把证书引入、培训、考核和学生毕业等关键环节,提高学历证书和职业技能等级证书的含金量,提升职业教育质量和学生的就业能力。

二、传统教学模式的弊端

宝鸡职业技术学院医学院三年制高职护理助产专业群培养的学生毕业后主要面向孕产妇护理和婴幼儿护理岗位群。按照培养计划,学生前期学习医学基础知识,后续通过专业核心课程的学习,掌握从事母婴护理工作岗位所需的知识和技能,毕业时获取大专学历证书、护士执业资格证书和母婴护理证书,最终实现一专多能。

然而,传统考试模式是教考合一,即课程教学和期末考核均由任课教师一人承担,至于课程教什么以及考什么均由任课教师说了算,不利于教师进行深入全面地自我反思改进,同时也缺乏对教师教学水平和学校教育质量的客观评价,从而导致教师缺乏教学压力,影响教学水平的提高。

三、"课证融合、考证合一、以证代考"教学模式探讨

宝鸡职业技术学院作为母婴护理1+X职业技能等级证书培训考证试点院校,在实施母婴护理1+X职业技能等级证书制度试点工作中,积极探索"课证融合、考证合一、以证代考"的教学模式。在师资队伍建设上加大投入,建立了一支"双师型"的教师队伍;同时引导学校的课程设置和培养计划更好地满足培养创新人才的需求,加强学生的

实践技能培养与考核。学生通过参加第三方评价机构组织的职业技能等级考证,实现客观、公正的教学监控和教学评价,提高了教学质量。

护理助产专业开设的与母婴护理考证相关的核心课程有《儿科护理》《妇产科护理》《母婴保健》,均为考查课,由教师自行命题、随堂考试,不能对教师的教学水平和学生对知识的掌握情况做出一个客观的评价。另外,学生对考查课不够重视,随堂考试,学生没有压力,因而缺乏学习动力。如果将这些考查课程与职业技能资格证书结合起来,由第三方来评价学习效果并推荐就业,可以调动学生学习的积极性,提高教学质量,扩大就业面,提高就业率。因此,从2017年开始,结合专业课学习,利用第二课堂对护理助产专业部分学生进行母婴护理师专项技能培训,借助宝鸡市技能鉴定中心第三方组织,对学生进行母婴护理职业技能鉴定,探索"课证融合、考证合一、以证代考"教学模式。2019年教育部提出1+X证书制度,2019年下半年医学院护理助产专业成功申报母婴护理1+X第二批试点项目,并正式启动母婴护理1+X职业技能等级证书考证培训工作。

1. 科学选择考证项目,将考试项目纳入教学计划中

2018年暑期,医学院护理助产专业骨干教师前往宝鸡市、县的三甲、二甲共14家医院进行深入调研,完成了2019级高职助产、护理专业人才培养方案及课程体系的修订工作。在对人才培养方案进行修订时,认真研究了与本专业相对应的职业要求,围绕职业资格证的考证设定专业课程,以母婴护理岗位和职业资格要求为依据确定课程标准。将《基础护理》《儿科护理》《妇产科护理》《母婴保健》《健康评估》《卫生保健》《医学心理学》等课程确定为考证课程。为实行"课证融合、考证合一、以证代考"教学模式的培训,2019年11月先后选派4名从事《妇产科护理》和《儿科护理》教学的骨干教师参加由教育部指定的母婴护理师培训第三方评价机构——山东济南阳光大姐服务有限责任公司承办的第三批师资培训和技能鉴定员培训,顺利结业并取得资格证书。

2. 围绕考证需要建设满足实训和鉴定要求的设施和场地

宝鸡职业技术学院每年投入100余万元购置护理、助产专业实训设备。校内共有母婴护理实训室8间、母婴护理培训教学管理办公室1间,理实一体化教室及技能操作实训室均配备有希沃一体机供教学使用。医学院目前的实训场地能提供学生和社会从业人员300余人进行母婴护理技能培训。

目前正在建设的宝鸡市(国际)技能培训中心,三楼设计为母婴护理培训中心,设有婴幼儿喂养、婴幼儿早教、孕产妇保健、婴幼儿保健、产后康复、婴幼儿辅食及月子餐制作室、母婴护理师培训考核室,建筑面积1 002平方米。该中心3年后可投入使用。

3. 探索"岗、证、课"三位一体的人才培养模式

对母婴护理行业具体从事的岗位进行分析,以岗位和职业资格要求为依据确定课程标准,课程设置从岗位职责需求出发,以岗位任务为主线,围绕职业岗位组织职业资

格证的考证,围绕职业资格考证开设专业课程,各课程教材直接采用考证教材,以实现"岗证结合""证课结合"。

4. 根据"岗、证、课"三位一体的人才培养模式调整课程内容

把学习内容与岗位实际要求相结合,突出职业能力的培养,主要目标是使学生能够顺利通过母婴护理资格认证考试。目前正在尝试与第三方评价组织进行合作开发,在课程设置、内容选取、考核方法等方面开展研究,推出教学与取证结合,"课证融合、考证合一、以证代考"的教学模式。

5. 充分利用网络平台和课程资源,实现线上线下混合式教学

母婴护理专项技能培训在疫情期间充分利用网络资源实现线上授课。对涉及的专项技能操作项目,利用职教云平台推送操作视频,督促学生线上观摩;复课后线下进行仿真训练,强化技能。

6. 利用第二课堂进行考证前专项技能训练

护理助产专业开设的与考证相关的核心课程《儿科护理》《妇产科护理》《母婴保健》都是在二年级下学期开设的,正好和6月初的母婴护理考证时间相吻合,和学校组织的期末考试时间接近。这样,教师和学生都不需要花费额外时间再补习上课,考证所需的专业知识已经在相应课程中完成,学生只需利用第二课堂对专项技能进行强化训练。学校作为母婴护理师考核站点,为学生培训与考试带来了便利。

自2017年开展母婴护理师培训起,到目前为止已经培训了600人次。从毕业生回访中了解到,护理助产专业毕业生中从事母婴护理工作的学生在半年后已经能够独立承担工作,其中,2017级毕业生目前有98%的学生已成为单位的业务骨干,这充分说明"课证融合、考证合一、以证代考"的教学考核模式对强化教学质量、培养合格人才、提高学生就业起着重要的推动作用。

图1至图4为宝鸡职业技术学院母婴护理1+X职业技能等级证书培训过程中的相关情况。

图1　行业专家指导

图2　《妇产科护理》课程新生儿洗澡项目训练

图3 教师参加考评员培训

图4 与行业专家一起研讨培训方案

(宝鸡职业技术学院 李亚兰)

渭南职业技术学院
失智老年人照护 1+X 证书制度试点案例

"完善职业教育和培训体系,深化产教融合、校企合作"是党的十九大和全国教育大会对职业教育提出的新要求。2019年,国家启动1+X(学历证书+职业技能等级证书)制度改革,推动办学模式转变。渭南职业技术学院护理专业率先尝试1+X证书制度试点工作,成功申报失智老年人照护和母婴护理证书制度试点,完成了一系列工作任务,取得了显著实效。

一、对接评价组织,完成师资储备

渭南职业技术学院按照国务院印发的《国家职业教育改革实施方案》(简称"职教20条")要求,推进"1"和"X"有机衔接,提升职业教育质量和学生就业能力,建立了1+X证书制度试点组织机构并制定了培训实施方案,积极对接北京中民福祉教育科技有限公司和济南阳光大姐服务有限责任公司,完成1+X证书师资培训6人次、考务考评员培训4人次、考务技术员培训2人次和检查督导员培训1人次(图1)。失智老年人照护1+X证书制度试点成为陕西省唯一的试点院校和地市级考点。

图1 教师参加师资培训

二、扩大宣传范围，深刻解读政策

为做好1+X证书制度试点工作，增强学生就业能力，开班前组织全体辅导员和学生干部进行专题宣传动员（图2），从我国养老方面的政策、社会需求、人才缺口等方面讲解养老服务产业的前景；详细说明"1"和"X"、1+X证书和职业资格证书的关系、培训评价组织的情况、职业院校的育人标准，以及在人才培养过程中如何体现专业与行业对接并回答师生提出的问题。会议要求培训教师务必认真设计好每一节课，为培训学生负责，确保培训效果；要求参加培训的学生做好刻苦学习的准备，处理好学习与培训之间的关系，不断提升自身的综合素质和就业竞争力。

图2　培训前宣传动员

三、扎实开展培训，全部通过考核

选派业务骨干参与师资培训，制定失智老年人照护1+X证书培训方案，明确人才培养细则。面向护理、老年服务与管理专业学生，选择对1+X证书学习及考证意愿强烈、自我管理能力强、学习自觉主动的学生作为培训对象（图3）。采取小班教学方式，在不影响正常教学的前提下，利用7、8节课及周末，组织培训教师对42名学生进行108学时的考前培训，理论与实训比例为1∶1。建立班级微信群，课前发布学习资料，课后布置作业，对学生在线答疑解惑；设立专职班主任，进行学习纪律、考务管理。

图3　培训现场

经过1个多月的培训,在学校相关部门技术支持及考核指挥中心的指导下,在省级考评站段海禹老师的督导下,于2019年12月21日完成了失智老年人照护1+X证书制度试点工作首次全国统一考核(图4)。考核由培训评价组织北京中民福祉教育科技有限公司负责实施,采用在线机考模式进行。分为照护实务和实践能力两个场次,共有42名学生参加,全部通过了考核,通过率为100%。考核成绩是对渭南职业技术学院失智老年人照护1+X证书培训工作的最好肯定,学校将以此次培训考试为起点,继续为国家养老服务事业培养优秀专业人才。

图4　考核现场

四、落实证书制度,提高人才质量

作为对教育部1+X证书制度改革的积极响应,如何把教育改革同人才培养贯穿一线,如何把社会需要、市场需求寓于整个护理专业教学之中就显得尤为重要。学校组织人员深入渭南市杜桥医养中心、宣化社区日间照料中心、五柏抱槐居家养老中心等养老服务行业进行一线调研(图5),通过和老人亲切交流、与养老机构管理人员深入沟通,充分把握老年人以及行业、企业对养老人才的需求。

图5　深入企业、行业调研　　　　图6　专家论证会

结合《教育部关于职业院校专业人才培养方案制订与实施工作的指导意见》文件精神,深入研究职业技能等级标准和护理专业教学标准,确立人才培养标准(图6)。把护理专业学历教育课程内容和"X"证书培训各模块知识点有机融合,采用课程模块作为最小组成单元,一个课程模块对应一项职业能力,构建"公共课+平台课+拓展课"课程体系,实现X证书培训与专业教学过程的一体化,分阶段分层级进行模块学习及考核,取得相应证书。

五、深化校企合作,体现实岗育人

依照校企深度合作的办学思路,以护理专业人才培养模式改革为突破口,努力探寻职业教育供给需求的最佳"侧"平衡点。在人才培养方案中,充分体现课程内容与职业标准对接,提高教学质量和教学管理水平,激发学生的学习兴趣。邀请医疗卫生行业、养老服务行业专家参与护理专业人才培养方案的修订,实现人才培养模式与市场需求的无缝对接。引企入校,把课堂搬进企业,把企业带进课堂,学生能够亲身经历养老机构组织管理的全过程,真正感受企业文化氛围。此外,还建立了校外产教融合实训基地,开展各岗位分岗实训工作(图7)。

图7 校企合作

六、依托证书制度,提高教研水平

依托1+X证书制度试点专业,渭南职业技术学院成功申报了陕西省职业技术教育学会2019年度研究课题"陕西省高职院校老年服务与管理专业人才培养模式创新研究(SZJYB19-302)"和陕西省教育厅重点教改项目"1+X失智老人照护职业技能等级证书制度试点工作研究与实践(19GZ023)",探索1+X证书制度与专业建设的结合策略,深化"三教"改革,提高人才培养质量和社会服务能力(图8)。

在渭南市民政局的推荐下,积极申报渭南市市场监督管理局养老服务系列地方标准,促进渭南市养老行业进行有效管理和监督,提高养老机构服务水平。

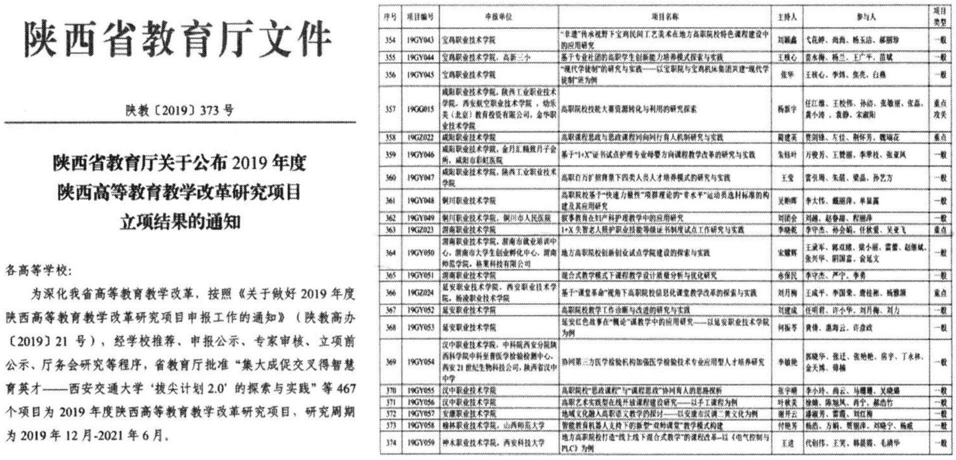

陕西省教育厅文件

陕教〔2019〕373号

陕西省教育厅关于公布2019年度
陕西高等教育教学改革研究项目
立项结果的通知

各高等学校：

为深化我省高等教育教学改革，按照《关于做好2019年度陕西高等教育教学改革研究项目申报工作的通知》（陕教高办〔2019〕21号），经学校推荐、申报公示、专家审核、立项前公示、厅务会研究等程序，省教育厅批准"集大成促交叉得智慧育英才——西安交通大学'拔尖计划2.0'的探索与实践"等467个项目为2019年度陕西高等教育教学改革研究项目，研究周期为2019年12月-2021年6月。

序号	项目编号	申报单位	项目名称	主持人	参与人	项目类型
354	19GY043	宝鸡职业技术学院	"非遗"传承视野下宝鸡民间工艺美术在地方高职院校特色课程建设中的应用研究	刘颖鑫	弋花婷、尚尚、杨玉洁、郝丽珍	一般
355	19GY044	宝鸡职业技术学院，高新三小	基于专业社团的高职学生创新能力培养模式探索与实践	王枝心	董永梅、杨兰、王广平、苗斌	一般
356	19GY045	宝鸡职业技术学院	"现代学徒制"的研究与实践——以宝职院与宝鸡机床集团共建"现代学徒制"班为例	张华	王枝心、李炜、张亮、白燕	一般
357	19GG015	咸阳职业技术学院，陕西工业职业技术学院，西安航空职业技术学院，幼乐美（北京）教育投资有限公司，金华职业技术学院	高职院校技能大赛资源转化与利用的研究探索	杨新宇	任江维、王校伟、孙洁、张敏丽、张磊、龚小涛，袁静、宋淑阳	重点攻关
358	19GZ022	咸阳职业技术学院	高职课程思政与思政课程同向同行育人机制研究与实践	阎建英	贾剑锋、左佳、荆怀芳、魏瑞花	重点
359	19GY046	咸阳职业技术学院，金月汇精致月子会所，咸阳市彩虹医院	基于"1+X"证书试点护理专业母婴方向课程教学改革的研究与实践	朱桂叶	万俊芳、王赞丽、李翠枝、张亚凤	一般
360	19GY047	咸阳职业技术学院，陕西工业职业技术学院	高职百万扩招背景下四类人员人才培养模式的研究与实践	王莹	雷引梅、朱晨、梁晶、孙艺方	一般
361	19GY048	铜川职业技术学院	高职院校基于"快速力耦性"项群理论的"非水平"运动员选材标准的构建及其应用研究	吴艳辉	李大伟、魏丽萍、单晶晶	一般
362	19GY049	铜川职业技术学院，铜川市人民医院	叙事教育在妇产科护理教学中的应用研究	刘蓓会	刘巍、赵春丽、程丽萍	一般
363	19GZ023	渭南职业技术学院	1+X失智老人照护职业技能等级证书制度试点工作研究与实践	李晓航	李守杰、孙会娟、任秋爱、吴亚飞	重点
364	19GY050	渭南职业技术学院，渭南市就业培训中心，渭南市大学生创业孵化中心，渭南师范学院，格莱科技有限公司	地方高职院校创新创业试点学院建设的探索与实践	宋耀辉	王录军、韩双锋、梁小丽、雷蕾、赵继斌、张兴华、胡国富、俞延文	一般
365	19GY051	渭南职业技术学院	混合式教学模式下课程教学设计质量分析与优化研究	赤保民	李守杰、严宁、李勇	一般
366	19GZ024	延安职业技术学院，西安职业技术学院，杨凌职业技术学院	基于"课堂革命"视角下高职院校信息化课堂教学改革的探索与实践	刘月梅	王成平、李国荣、唐桂彬、杨雅丽	重点
367	19GY052	延安职业技术学院	高职院校教学工作诊断与改进的研究与实践	刘建成	任明君、许小华、刘月梅、刘力	一般
368	19GY053	延安职业技术学院	延安红色故事在"概论"课教学中的应用研究——以延安职业技术学院为例	何振琴	黄锋、惠海云、许彦政	一般
369	19GY054	汉中职业技术学院，中科院西安分院陕西科学院中科至善医学检验检测中心，西安21世纪生物科技公司，陕西省汉中中学	协同第三方医学检验机构加强医学检验技术专业应用型人才培养研究	李毓艳	郭晓华、张迁、张艳艳、房宇、丁永林、金天娥、母楠	一般
370	19GY055	汉中职业技术学院	高职院校"思政课程"与"课程思政"协同育人的思路探析	张宇琳	李小玲、尚云、马珊珊、吴晓璐	一般
371	19GY056	汉中职业技术学院	高职艺术实践型在线开放课程建设研究——以手工课程为例	叶秋芙	徐娜、陈旭凤、尚宁、郝浩竹	一般
372	19GY057	安康职业技术学院	地域文化融入高职语文教学的探讨——以安康市汉调二黄文化为例	谢开云	潘淑芳、雷霞、刘红梅	一般
373	19GY058	榆林职业技术学院，山西师范大学	智能教育机器人支持下的新型"双师课堂"教学模式构建	付艳芳	杨浩、方娟、贾丽萍、刘晓宁、杨威	一般
374	19GY059	神木职业技术学院，西安科技大学	地方高职院校打造"线上线下混合式教学"的课程改革--以《电气控制与PLC》为例	王进	代朝伟、王笑、韩晨霞、毛靖华	一般

图8　陕西省教育厅教改立项文件

七、立足当前成果，助力一流院校建设

1. 建立"学分银行"，落实学分转换

一是积极与国家开放大学、培训评价组织对接，研制具体学习成果转换办法，并在"学分银行"备案发布。二是加强对"学分银行"建设的研究，健全管理工作机制，专人负责受理"X"证书学习成果转换申请。三是加强院校间的联系，做好"银行"学分互认。四是建立多元化的监管协调机制，加强"学分银行"的质量监控。

2. 完善实训功能，突出证书特色

拟投入100余万元对老年护理实训室及考试机房进行建设（表1），促进学生学习，整体提高学校人才培养质量，提升学生就业核心竞争力。鼓励学生在获得学历证书的同时至少应取得一项职业技能等级证书，拓展就业创业本领，缓解结构性就业矛盾。

表1　失智老年人照护1+X证书培训、考核建设预算表

分　类	内　容	费用合计/元	备　注
实训室建设	老年护理实训室	312 285	包含工程施工、维修（护）费、实训器材等
机房建设	考务专用计算机	13 600	6 800/台
	学生考试专用计算机	680 000	6 800/台
	打印机	7 600	3 800/台
	复印机	7 500	2 500/台
	信号屏蔽设备	4 800	1 200/台
	监控设备	17 000	8 500/套
合　计		1 042 785元	

（渭南职业技术学院　任秋爱）

渭南职业技术学院
建筑信息模型(BIM)1+X证书制度试点案例

1+X证书制度是指《国家职业教育改革实施方案》提出的在职业院校、应用型本科高校启动的"学历证书+职业技能等级证书"制度试点工作,鼓励学生既获得学历证书又争取获得多类职业技能等级证书,以解决职业教育与经济社会发展不够紧密、类型教育特色不明显的问题。

一、基本概况

实施1+X证书制度体现了社会对人才培养质量和职业技能水平的双重要求。渭南职业技术学院在成为首批1+X职业技能等级证书制度试点院校之前,已经承担了2年的陕西省建筑协会BIM一级考试考点工作,培训学生300余人,2019年被评为陕西省优秀考点。学校BIM师资团队拥有丰富的教学经验,并多次参与BIM社会服务。

二、试点运行情况

根据《开展1+X建筑信息模型(BIM)职业技能等级证书考评工作的通知》,为了能够使首批建筑信息模型(BIM)1+X证书制度试点工作有序进行,学校领导高度重视,已完成的建筑信息模型(BIM)证书制度试点工作内容如下。

(一)周报制度

按照试点管理要求,学校分派特定负责人每周提交周报。周报内容来自各专业BIM开展情况的汇总,包括各专业班级对建筑信息模型(BIM)1+X职业技能等级证书考核的宣传情况、学生报考情况、各教研室教师参与培训情况、各专业教师参与BIM技能大赛培训和指导情况、专业教师申请BIM相关教改科研情况、培训进行情况、培训基地建设情况等。

(二)师资建设

在师资队伍建设过程中,学校一方面加强团队带头人的培养,让团队带头人加强1+X证书制度理念的研究和学习,准确把握试点工作的背景与意义、职业技能等级证书及标准的内涵与要求,能够带领实训基地教学团队做好"1"与"X"的衔接及"X"证书培训体系的顶层设计;另一方面加强培训师资队伍技能的更深层次学习,让团队教师定期参加与职业技能等级证书有关的师资培训并获得相应的资格认证,不断提高教学、培训和考评能力。

(三)实训室扩建

实训基地是1+X证书制度的基础条件保障,在1+X证书制度试点工作中扮演着核心角色。基于现有的实训基地,渭南职业技术学院在试点方案中把实训基地扩建作为组织实施试点工作的一部分。按照试点要求,学校已完成实训室扩建、机房硬件及软件配置等工作。

(四)学生培训

1. 讲座宣传

通过专题讲座,分析 BIM 所趋、BIM 的价值、BIM 的应用,帮助学生认知、理解 BIM,从而宣传 1+X 证书制度在 BIM 方面开展等级考核的意义,动员学生积极报名参加考证,抓住机会,提高专业技能。

2. 课堂渗透

BIM 一、二级建模的内容在专业群人才培养方案中均有涉及,BIM 建模课程在大学一年级的上、下学期基本都有开设,为后期 BIM 二级学习奠定坚实基础。

3. 开班辅导

利用周内下午第 7～8 节课、晚自习第 9～10 节课以及周六全天的时间进行开班培训。

4. 线上教学

学校 BIM 团队积极开展社会服务活动,针对企业上班族进行线上公益培训,主要采用线上直播方式进行教学,并在教学过程中通过直播软件连麦、QQ 远程操作、微信等方式进行在线辅导和答疑(图1)。

三、试点工作亮点

(一)提高了社会影响力

2019 年 5 月,学校 BIM 团队承接了陕西建工第四建设集团有限公司 50 余名企业职工为期 2 天的 BIM 一级培训。

学校 BIM 团队开展的社会服务活动获得了学员的一致好评。这不但提高了团队教师 BIM 线上线下的教学水平,而且也大大提高了学校在推进建筑信息模型(BIM)1+X 证书制度试点工作过程中的社会影响力。

(二)拥有丰富的培训经验

自学校 2018 年 4 月被陕西省住房城乡建设领域评为渭南市首个建筑信息模型(BIM)应用技能培训报名考试点以来,已连续开展了 5 批由陕西省建设教育协会举办的 BIM 一级等级考试培训工作。学

图1 学校 BIM 团队教师
进行 BIM 线上公益培训

生考试平均过关率达到70%以上。前期丰富的BIM培训经验为学校教师开展建筑信息模型(BIM)1+X等级证书考试提供了坚实的专业基础和实践经验。

（三）深化教学改革

自学校开展建筑信息模型(BIM)1+X证书制度试点工作以来，建筑类专业逐步在人才培养方案中加入了BIM的相关课程，优化课程体系，使BIM课程成为在校生的必修课程。这不仅为学生参与BIM培训奠定了一定的专业基础，同时也提高了学生学习BIM相关技能的效率。同时，教师在1+X证书制度试点工作中积极申报BIM相关课题，将BIM理念逐步渗透到专业建设和教学改革过程中。各专业逐步将1+X证书制度试点与学校人才培养紧密结合，以就业为导向，以提升学生职业能力为目标，积极探索多样化的人才培养模式。

四、结语

渭南职业技术学院BIM团队今后将继续努力，加强BIM中级及高级师资队伍建设。同时紧跟市场需求步伐，积极与企业合作，加强BIM在实际项目中的应用，提高教师BIM实践能力，全力助推学校建筑信息模型(BIM)1+X职业技能等级证书制度试点工作再上新台阶。

（渭南职业技术学院　张银环）

陕西工商职业学院
物流管理1+X证书制度试点案例

按照国务院印发的《国家职业教育改革实施方案》要求,经国务院职业教育工作部际联席会议研究通过,决定在院校实施"学历证书+若干职业技能等级证书"制度试点。自2019年开始,重点围绕服务国家需要、市场需求、学生就业能力提升,启动1+X证书制度试点工作,物流管理获批成为首批试点的6个职业领域之一。2019年4月,通过认真学习教育部等四部委《关于在院校实施"学历证书+若干职业技能等级证书"制度试点方案》文件精神,陕西工商职业学院认识到积极参与该项工作有利于专业弥补短板、超常发展,因此,认真撰写申报材料、积极申请,获批首批物流管理1+X证书制度试点单位资格,并积极主动地开展各项工作。

一、积极申报考核站点

陕西工商职业学院是陕西省人民政府主办、陕西省教育厅主管、教育部备案的公办全日制普通高等职业学院。学校现后建有郭杜、含光等6个校区,总占地面积46.5公顷(698亩),校舍建筑面积38万余平方米,固定资产总值8亿余元,其中教学仪器设备总值1亿余元。近年来,学校以提高人才培养质量为核心,积极探索和完善学校与企业"双主体"人才培养模式,通过推行一系列行之有效的改革措施,各项事业实现跨越式发展,办学成效显著。学校参加全国性高等职业院校技能大赛获得特等奖1项、一等奖8项、二等奖21项和三等奖40项;参加陕西省高等职业院校技能大赛获得一等奖33项、二等奖51项和三等奖62项,获奖等级和数量居全省同类院校前列。

根据上级下发的《物流管理职业技能等级认证考核站点建设条件要求》,学校积极筹备成立了全部由专业骨干教师组成的物流管理1+X证书制度试点工作小组。经逐一核查实务考核机房电脑、实操考场、手持终端、托盘货架、纸箱等建设项目后发现,物流实训中心现有手持终端型号不符合标准且实训室没有网络,无法完成手持联网操作任务,这将严重影响考核的正常进行。经校领导协调,在中诺思公司的协助下,加急采购了6把标准型号无线手持终端,最终完成了各项基础设施的搭建工作,于2019年10月成功申报成为西北五省唯一入选的全国首批物流管理1+X职业技能等级认证考试(中级)10所高职院校试点单位之一(表1)。

二、积极参与师资培训

2019年7—12月,学校先后派出6名骨干教师分别前往成都、长春、长沙、南昌和重庆参加由北京中物联物流采购培训中心主办的物流管理1+X证书职业技能等级标

表1 全国首批物流管理1+X职业技能等级认证考试(中级)试点单位

级别	序号	学校名称	试考总负责人	考核人数	巡考人员
中级	1	昆明冶金高等专科学校	邓永胜	100	朱 飞
	2	苏州旅游与财经高等职业技术学校	孙统超	77	蒯晓蕾
	3	成都工业职业技术学院	张锦惠	80	李 雪
	4	黑龙江农业工程职业学院	侯彦明	85	何岩松
	5	天津交通职业学院	李 泽	30	马红波
	6	厦门城市职业学院	梁竹田	90	贾铁刚
	7	陕西工商职业学院	付 琪	25	付 琪
	8	重庆城市管理职业学院	莫 堃 柏文涌	196	李俊峰
	9	江苏建筑职业技术学院(含留学生)	刘翠萍	64	孙 雷
	10	云南能源职业技术学院	刘莉娟	104	张 俊
初级	1	合肥市经贸旅游学校	李朝荣	47	雷潇骏
	2	江苏省淮安中等专业学校	王 娟	30	王 娟
	3	武汉市财政学校	徐 俊	76	李云松
	4	厦门市海沧区职业中专学校	庄永固	50	钟 聪
	5	河北经济管理学校	张志磊	100	王 亮

准(中级)师资能力提升研讨会,取得了师资培训证书与考评员资质(图1)。师资培训活动共分为理论教学培训与实操教学培训两部分,通过专题讲座、案例分析、自主研讨、观摩教学及各小组之间的教学展示,教会教师如何成为一名物流管理1+X证书培训师与考评员,参培后得到的反馈是普遍受益匪浅、收获良多。

图1 教师参加长沙站师资培训

图2 教师参加物流管理1+X证书考核站点申报培训工作会

2019年10月,学校选派2名教师前往徐州参加物流管理1+X证书制度试点考核站点申报培训工作会(图2),培训会重点学习了《物流管理1+X制度及试点考核站点建设方案》和《物流管理1+X证书制度试点考务流程与考核方案》文件精神,了解考务流程、考评工作流程和考务系统操作流程。参培教师返校后,学校及时召开了物流管理1+X证书制度试点工作小组会议,由参会教师分享培训成果,小组成员共同商讨考核组织相关事宜。

三、精心组织培训和考务工作

陕西工商职业学院作为首批物流管理1+X职业技能等级认证考核(中级)试点院校,承接了2019年第一批次和第四批次的1+X证书试点考核工作。按照测评工作的相关要求,2018级物流管理专业共有132名学生参加了物流管理1+X职业技能等级认证考试(中级)。为有效落实集训相关工作,学校特成立了物流管理1+X培训工作小组,全体成员各司其职,在规定的时间内优质、高效地完成了各项繁琐而细致的工作。

在学生集训方面,学校将培训工作分为以下3个阶段。

第一阶段,按照《职业基础培训》教材内容及各个模块的理论考核、实操考核要点,分别就职业道德和环境保护与职业健康安全认知模块、物流基础与行业认知模块、基本管理技能应用模块、物流创新与创业模块共4个模块的内容进行全面细致地讲解,组织集训6次,共计24课时。

第二阶段,按照《物流管理职业技能等级认证教材中级部分》教材内容及各个模块的理论考核、实操考核要点,分别就物流市场开发与客户管理模块、仓储与库存管理模块、配送管理模块等6个模块的内容进行全面细致地讲解,组织集训6次,共计24课时。

第三阶段,考前强化及仿真测试。主要是对第一、二阶段的培训内容按照考核大纲进行串讲,并充分利用考核平台现有题库对学生进行考前强化和仿真测试,其间组织集训4次,共计16课时。为最大限度模拟实操考核环境,在考前模拟测试时,培训教师按照考核要求,5人一组进入考场,10分钟内完成操作,使学生达到良好的考核状态。

在考务工作方面,学校考务员登录北京中物联1+X网站下载、安装考务管理端软件,将考生姓名、身份证号、电话号码、个人照片等信息录入考务管理系统,完成报名工作,报名时间截止后分配学生考场及打印准考证。其次,为保证考核工作顺利进行,考务员在中诺思公司的协助下组织学习,逐一核查考核机房的教师机及学生机是否联网,并分别安装考场管理端软件和学生端软件,同时为6把无线手持下载手持终端软件并完成调试工作。

在考场布置方面,由于首批物流管理1+X职业技能等级认证考核是在2019年10月份,时间紧、任务重,没有成功经验可供参考,学校工作小组成员只能摸着石头过河,勉强完成了最基本的考场布置工作。有了第一次承办考核工作的经验,在12月份的考场布置中,秉承做精、做细的工作态度,着重制作了标志水牌、引导水牌,为考生配备了实操专用马甲及安全帽,精心准备考评员专用秒表、打分表等,有效地完成了各项考务工作。

值得分享的是,学校培训教师为最大限度利用有限的培训时间,不仅采用合班形式,充分利用晚上和周末完成了学生培训和模拟测试工作,而且也发挥了学生间的传帮带作用,组织首批参加过考核的学生作为助教团队参与考生的实操培训,有效地提高了学生物流管理1+X职业技能等级认证考核(中级)通过率(图3)。

图3 2019年第四批次实操考核现场

四、取得明显工作成效

一是有效地保证了考生成绩。2019年陕西工商职业学院共有132名学生参加物流管理1+X职业技能等级认证考核(中级),其中,111名学生取得了物流管理职业技能等级证书(中级),通过率达到84%;学校第一批次参加考试的25名考生全员通过,通过率高达100%,学习成果已经职业教育国家"学分银行"认定。通过物流管理1+X理论部分的学习,学生丰富了专业知识,更加系统、深入地学习了物流相关课程内容;通过实操部分的学习,在学中做、做中学,弥补了物流管理专业学生实训能力不足的弱项,让学生掌握了一些以前没有接触过的物流实训设备的操作技能,为以后学习、工作提供了强有力的指导和帮助。

二是打造了一支团结有力的师资队伍。6名骨干教师团结协作,加班加点,精心组织并顺利完成了全部培训和考试工作,体现了良好的精神面貌和突出的工作能力。

三是开阔视野结交朋友。通过历次师资培训和工作交流,与全国物流管理职教领域的专家学者建立起了广泛联系和深厚的友谊,多名教师受邀参与命题、资源制作,深度参与1+X证书制度试点工作。

四是为学校赢得了社会声誉。学校物流管理专业通过开展1+X证书制度试点工作,迈出了走出陕西的步伐,大幅提高了物流管理专业在全省和全国同行中的知名度。先后获得陕西省物流学会颁发的"2019年度陕西省物流行业知行合一创新奖"、2019年陕西省职业技术教育学会先进工作者等奖项;付琪、尹清两位教师在全省电商物流专业指导委员会年会上做了专题报告;付琪老师受邀到福建省物流管理行业指导委员会年会上做了经验交流(图4、图5)。

五是为专业下一步改革确定了方向。开展1+X证书制度试点工作,有助于进一步完善以职业需求为导向、以实践能力培养为重点、以产学研用结合为途径的物流管理专业人才培养方案,持续提升学生的专业技能和专业素质,为社会培养更多有用人才。

图4 付琪副教授在陕西省电商物流专业指导委员会年会上分享经验

图5 教师受邀在福建省物流管理行业指导委员会年会上分享经验

(陕西工商职业技术学院 李红卫)

延安职业技术学院
汽车运用与维修1+X证书制度试点案例

2019年4月,延安职业技术学院被确定为汽车专业领域1+X职级技能等级证书制度试点院校。经过一年多的努力,对标上级部门和北京中车行高新技术有限公司(汽车专业领域职业教育培训评价组织)对试点工作的要求,出色地完成了试点的各项工作,形成了较为成功的典型案例。

一、主要目标

延安职业技术学院汽车检测与维修技术专业在实施1+X职业技能等级证书制度试点工作中,逐步转变育人观念,坚持以学生为中心,深化人才培养培训模式和评价模式改革,疏通汽车技术技能人才成长通道,拓展就业创业本领,提高人才培养质量,为社会输出就业能力、工作能力、创新能力、应变能力等综合职业能力强的汽车检测与维修复合型技术技能人才。

二、实施过程

为了更好地推动1+X证书制度试点工作,延安职业技术学院成立了由院长牵头,教务处、机电工程系主要领导参与的1+X证书制度试点办公室,在陕西省教育厅和培训评价组织的指导下,逐步开展相关工作,具体实施过程如图1所示。

(一)参加试点说明会

2019年6月29日,学校派出教师到陕西交通职业技术学院参加北京中车行高新技术有限公司对汽车运用与维修1+X证书制度试点工作说明会,深刻领会会议精神,使学校1+X职业技能等级证书制度试点工作迈出实质性的一步(图2)。

(二)申报培训站、考核站

根据学校汽车检测与维修技术专业人才培养目标,结合现有师资力量和实训条件,2019年7月,学校向中车行提出申请,拟建立汽车专业领域1+X证书培训站和考核站。首次申请的培训及考核内容包括汽车动力与驱动系统综合分析技术等5个模块,初步制定出学校培训站和考核站的建设实施方案。

(三)配备师资

根据培训评价组织对试点院校培训站、考核站师资的具体要求,学校组建了由4名校内教师和4名企业教师组成的8人教学及考评人员团队(表1)。

(四)学习、培训、研讨

学校高度关注1+X证书制度试点工作,采用外派学习、校内研讨、专家指导等多管齐下的方式,深刻领会1+X证书制度的内涵,推动1+X证书制度顺利实施。

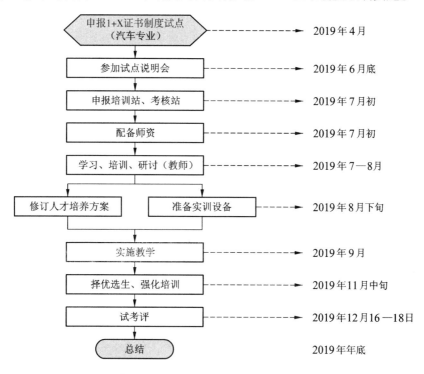

图1　1+X证书制度试点工作实施过程

图2　教师参加1+X职业技能等级证书制度全国试点工作说明会

表1　汽车检测与维修技术专业"4+4"教学及考评团队

序号	姓名	单位	序号	姓名	单位
1	申宁宁	延安职业技术学院	5	姚军	延安丰达汽车修理有限公司
2	刘振	延安职业技术学院	6	薛威	北方汽修
3	雷小平	延安职业技术学院	7	花轩	北方汽修
4	李宝宝	延安职业技术学院	8	胡明峰	北方汽修

1. 外派学习

2019年10月18—21日,派出两位教师到北京交通运输职业学院参加汽车专业领域1+X证书制度研讨会(图3);11月13—14日,机电工程系任刚德主任带领8名考评员、1名教学管理人员到陕西交通职业技术学院观摩试考评工作(图4),为学校试考评工作的顺利开展指明了方向。

图3 教师参加汽车专业试考评研讨会　　图4 教师观摩陕西交通职业技术学院试考评工作

2. 校内研讨

系部将会议精神和中车行发布的1+X证书制度试点相关材料编订成册,保证所有材料人手一份,便于深入开展学习。

专业教师多次召开专题会议,深入探讨1+X证书制度的内涵,研讨实施模块化教学的具体方案,探索课证融通实现的有效途径,完善校内实训设备,积极组织学生强化训练,在试考评工作中起到了重要的作用(图5)。

图5 教师研讨1+X证书制度实施方案

3. 专家指导

在1+X证书制度实施过程中,中车行领导,陕西省办刘涛、江泉、罗明等多名教师,从师资培训、试考评安排、1+X证书制度内涵等各方面为学校提供了宝贵的指导意见,确保试考评工作顺利进行(图6、图7)。

图6 罗明老师在考评现场指导　　图7 江泉老师在考评现场指导

（五）重构课程体系，修订人才培养方案

根据教育部对人才培养方案的总体修订意见，结合1+X证书制度，重构汽车检测与维修技术专业课程体系（图8），修订人才培养方案，构建校企融合、工学结合多元化的实训教学环境，能力训练与职业技能等级证书相结合的课证融通模块化教学模式。

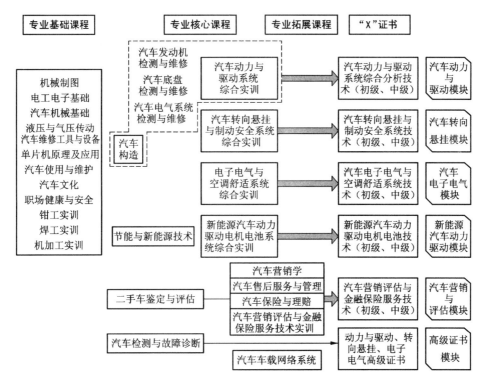

图8 适应1+X证书制度的汽车检测与维修技术专业课程体系

（六）准备实训设备，确认试考评模块

根据中车行提供的设备清单，梳理学校汽车实训设备，发现汽车动力驱动综合分析技术实训条件最完备，最终确认申报该模块的试考评工作。

（七）实施教学

依据汽车检测与维修技术专业各年级的教学进度，在2018汽检（三）、2016汽检（五）5个班级中率先实施汽车动力与驱动综合分析技术模块的相关教学工作。

1. 课程安排

充分考虑该模块涉及的课程，在安排《汽车发动机》《汽车底盘》《汽车电器》3门课程教学的同时，调整培养计划，加入强化培训环节。

2. 师资配备

3门课程的教学均采用校内专业教师与企业教师搭配的师资配备模式（表2），保证学生理论水平和职业技能水平双提高。

表2 校企融合师资团队任课安排表

序号	课　程	学院教师	企业教师
1	汽车发动机构造与维修	申宁宁	花　轩
2	汽车底盘构造与维修	刘　振	薛　威
3	汽车电气设备及维修	雷小平	胡明峰

3. 教学内容

按中车行提供的动力驱动模块20个实训项目，结合实际实训条件，在课程教学中融入"X"证书技能点，确保学生学习的质量。

4. 课堂教学

在课堂教学中，依托汽车检测与维修专业实训室和教学资源库，将教室搬入实训车间，实施理实一体化、线上线下混合式教学模式。

（八）择优选生，强化培训

在教学实施过程中，根据学生平时的表现和学习成绩，选定132人参加60学时的项目强化培训。最终择优60人参加试考评，考前进行10学时的综合强化，夯实学生的实操水平（图9）。

图9 学生积极训练

（九）试考评

"X"证书试考评包括理论考评和实操考评两个环节。

1. 理论考评

根据人才培养目标,按照课程标准要求,团队教师经过研讨,在3门课程的教学环节结束后进行闭卷理论考核。理论考核成绩既是结课成绩,也被视作"X"证书理论考评部分的成绩,初步探索"水平考试+考证考核"相融合的评价模式。

2. 实操考评

(1) 考前准备。

场地设备。根据考核模块要求,重新划分实训区域。在汽车实训中心布置4个项目12个工位(图10),各工位使用的设备如表3所示。

图10 4个项目考核工位

表3 考核工位明细表

工 位		设备名称
项目一 动力系统部件检测与维修	工位一	捷达(BJG)四缸发动机
	工位二	捷达(BJG)四缸发动机
	工位三	捷达(BJG)四缸发动机
项目二 自动变速箱部件检测维修	工位一	凌志LS400(A341E)自动变速器
	工位二	凌志LS400(A341E)自动变速器
	工位三	凌志LS400(A341E)自动变速器
项目三 传动与分动部件检测维修	工位一	捷达五速手动变速器
	工位二	捷达五速手动变速器
	工位三	捷达五速手动变速器
项目四 动力与驱动系统性能检测	工位一	丰田花冠
	工位二	大众捷达
	工位一	丰田卡罗拉

题目验证。根据考评设备,结合中车行提供的真题,考评员对考题进行反复论证,结合实际情况得出验证参数。

(2) 考核过程。

考务安排。在试考评前一周,考务负责人认真研究中车行发布的《考评指南手册》,召集考务人员集中培训。邀请省办江泉、罗明老师进行督考指导,邀请学校领导、部门负责人任巡考员。从考前资料准备、考评环节实施、考后资料整理等方面,系统、全面、细致地安排专人负责各项工作,确保试考评工作顺利实施。

现场实录。试考评工作的全程视频录制由天津天堰科技股份有限公司协助完成,学校派出2名专职教师全程参与学习,实时上传考核影像至考务群,接受学校及培训评价组织的监督(图11)。在整个考评过程中,督考员和巡视员全程不间断巡视,考评员一丝不苟,考生全身心投入,考务人员尽职尽责,整个考核过程井然有序,实操试考评顺利完成。

图11　考评现场

考后资料整理。实操考评结束后,按照中车行要求,考务人员整理好考评过程的纸质材料和电子材料,邮寄到北京中车行总部。至此,首次试考评工作圆满结束(图12)。

图12　巡考员巡视、督考员指导

参加汽车专业1+X证书首次试考评共有学生58人,最终55人取得汽车动力与驱动综合分析技术(中级)证书,取证率达到94.8%。

(十)主要成效及存在问题

1. 主要成效及成果

(1)重构汽车检测与维修技术专业课程体系,修订了人才培养方案。

(2)优化了师资队伍,真正做到校企师资1∶1授课,推动产教融合深入发展。

(3)初步探索出基于1+X证书制度的"四融合,三阶段,一综合"人才培养新模式。

(4)通过进行1+X证书试考评,形成了"水平考试+取证考核"相融合的学生评价新模式。

(5)整合汽车检测与维修专业的实训设备,为后期实践教学提供充分条件。

2. 问题改善

(1)教师理念有待进一步转变,教学方法、教学过程的组织需更加合理。

(2)各模块实训条件需满足学生学习及考评的基本要求。

(3)在考评过程中,应增加备用工位,完善辅助设备,优化考评过程,使考评过程更严格、更规范、更有保障,以提高证书的含金量。

3. 下一步计划

(1)加强师资培训。

(2)继续完善汽车检测与维修技术专业实训条件。

(3)以课证融通理念为指引,继续改革实践人才培养模式。

(4)听取陕西省教育厅及中车行对学校试点工作的反馈意见,向兄弟院校学习,为1+X证书制度的全面实施做好准备。

(延安职业技术学院 刘 力)

汉中职业技术学院
汽车运用与维修 1+X 证书制度试点案例

《国家职业教育改革实施方案》明确指出,从 2019 年开始,在职业院校、应用型本科高校启动"学历证书+若干职业技能等级证书"制度(简称 1+X 证书制度)试点工作,这是党中央、国务院对职业教育改革做出的重要部署,是落实立德树人根本任务、完善职业教育和培训体系、深化产教融合校企合作的重要制度设计创新。1+X 证书制度反映了产教融合、校企合作、工学结合、理实一体等职业教育的内在规律,是提高人才培养质量的重要举措,是深化人才培养培训模式和评价模式改革的重要途径,是探索构建国家资历框架的基础性工程。汉中职业技术学院汽车类专业以"一个中心"为保障,"两路并行"为手段,"'三教'改革"为措施,充分发挥主体院校、合作企业、评价组织、第三方院校的作用,推进课证融通,促进校企合作、校校合作,实现了学校与专业、教师与学生、社会与企业的多方受益,在探索与践行 1+X 证书制度的道路上迈出了坚实的一步。

一、汽车类 1+X 证书制度实施现状

根据教育部职业技术教育中心研究所关于第一批、第二批、第三批培训评价组织及职业技能等级证书的公示公告(教职所〔2019〕89 号、教职所〔2019〕219 号、教职所〔2019〕341 号),与汽车类专业相关的培训评价组织及证书有:北京中车行高新技术有限公司(汽车运用与维修职业技能等级证书、智能新能源汽车职业技能等级证书),中德诺浩(北京)教育科技股份有限公司(商用车销售服务职业技能等级证书、智能网联汽车检测与运维职业技能等级证书)等,共计 5 个培训评价组织、7 个职业技能等级证书。其中,首批全国有 465 所院校申报了汽车运用与维修职业技能等级证书的试点工作,部分院校在 2019 年 12 月 31 日前完成了首次试考评,参评学生总数达到 28 238 人。汉中职业技术学院于 2019 年 12 月 26—28 日完成了该证书车身修复模块的试考评工作,培训学生 40 人,其中 37 人考评合格,通过取证率为 92.5%。

二、1+X 证书制度的探索与实施

汉中职业技术学院于 2019 年 6 月被列入首批 1+X 证书制度试点院校名单后,以《国家职业教育改革实施方案》等相关文件精神为指导,大胆创新,稳步推进 1+X 证书制度的探索与实施。

(一)确立"一个中心"

2019 年 7 月,汉中职业技术学院成立了以院长牵头、教学副院长为责任人的 1+X 证书制度试点工作领导小组。在此"一个中心"的指导下,构建了"院长—教学副院长—

教科处长及二级学院院长—专业团队"的1+X证书制度试考评组织机构(图1),相继启动了汽车运用与维修、传感网应用开发、老年照护3个证书的试点工作,以学院优势专业领域护理、汽车等为引领,推动以课证融通为核心的专业人才培养与评价模式改革。

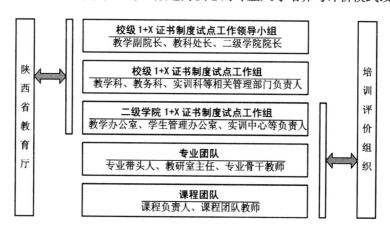

图1 汉中职业技术学院1+X证书制度试考评组织机构

(二)实施"两路并行"

1+X证书制度将标准化建设作为统领职业教育发展的突破口,在一个专业领域形成一套完整的职业技能等级标准,推进学历证书与职业技能等级证书的有机衔接,提升职业教育质量和学生就业能力。汽车运用与维修职业技能等级证书包含了3个等级11个模块,单一模块包含4个实操考评子项目,每个项目50分钟,共计200分钟,考生要在4小时内全部完成,知识技能全面、考核评价要求较高。汉中职业技术学院汽车类专业(以下简称汽车类专业)在确定考评模块时,充分考虑常规教学情况,以2019年秋正在进行的车身修复课程为基础,以学习该课程的学生为对象,选择汽车车身钣金修复与车架调校技术(初级)模块进行培训与试考评(图2、图3)。学生培养实施"两路并行",即在教学中融入考评内容与标准,进行证书标准教学,同时在课外开展强化培训,保证在有限时间内考生能够达到指定水平。"两路并行"的人才培养方式切实提高了学生的专业技能水平,有效地解决了1+X证书制度试点初期学生技能水平偏低的问题,是试点初期专业改革的过渡。

图2 考前专项教学及辅导

图3 企业技师进行强化培训

(三)推动"'三教'改革"

1+X证书制度的最终目标是职业教育类型、教育特色的塑造和质量的提升,其实现要落实在教师、教材、教法"三教"改革上。

长期以来,产业技术升级越来越快,职业教育办学的封闭性导致教师的专业化发展路径不畅。为了打造一支能精准把握1+X证书制度精神,进行新技术、新技能培养的教师队伍,汽车类专业吸纳外部力量、调整师资结构,组成专职教师与企业技师各占50%的钣金课程团队,既重视对教师的工艺技术培训,也重视职业技能等级标准、教学方法、考评方法培训,全面提高师资团队的教学与培训能力。

采用对接职业技能等级标准的新型活页教材,并根据地域及本校情况进行设备、工艺微调,达到试考评要求。试考评以考生轮转形式开展,教学及培训也轮转进行,所有考生分为4个组,由种子学生担任组长,带领组员在同一时间内训练不同项目(图4),完成后互相更换场地及项目,有效地利用了时间及实训设备。

图4 种子学生组织组内实训

针对考生人数多、培训难度大的情况,建立了三级指导体系,即企业教师利用强化培训定期进行难点指导,院校教师全面负责日常指导,种子学生在小组内开展有针对性的指导,在保障培训顺利实施的同时锻炼了学生组织、沟通、信息素养等综合能力。

根据《教育部关于职业院校专业人才培养方案制订与实施工作的指导意见》中"专业人才培养方案是实施专业人才培养和开展质量评价的基本依据",要"将职业技能等级标准有关内容及要求有机融入专业课程教学""促进书证融通"等要求,汽车类专业在2019年进行了1+X证书制度与人才培养方案的第一轮融合,肯定了专业原有能力递进人才培养模式与职业技能等级对接的可行性,确定了三步走的方案。第一步,结合职业技能等级标准,进行补救教学和强化实训,试行职业技能等级证书的培训和考评;第二步,根据试行情况及院校实际状态,调整部分课程标准内容,使其与职业技能等级标准融合,形成"X"课程,实现课证融通;第三步,在取得一定运行经验的基础上,重构课程体系,全面改革人才培养模式,达到书证融通。

(四)促进"四方联动"

(1)培训评价组织。在试点工作中,培训评价组织是职业技能等级标准的建设主体,主要职责为标准开发、教材和学习资源开发、协助试点院校实施证书培训、考核颁证等。

（2）主体学校。学校是制度建设的实施主体,承担了选择证书、确定专业、将证书培训内容有机融入人才培养方案、优化教学内容、加强团队建设、开展专门培训,实施证书考评等工作。

（3）合作企业。企业是制度建设的实施载体,汽车类专业联合合作企业,校、企双方形成1+X证书制度建设实施的"命运共同体",共同完成学生培养、证书考评及推广工作,有效地克服了建设过程中师资、技术、设备短缺的困难,从而提升职业技能等级证书的社会正面效应。

（4）第三方院校。第三方院校是制度建设及证书考评的监督主体,邀请兄弟院校相互观摩、指导、交流,能够保证考评过程公平公正,产生规模效应,扩大职业技能等级证书的影响面(图5)。

图5 第三方院校考前考中监督指导

三、1+X证书制度试点成效

1. 学生受益

长久以来,由于专业设置与产业需求对接、课程内容与职业标准对接、教学过程与生产过程对接的力度不够,实训教学设置还存在着数量、质量、科学性、高效性不尽如人意,学生的学习积极性不高等,造成学生就业竞争力有限、就业对口率不高的困境。自职业技能等级证书推行、培训、考评以来,学生表现出前所未有的热情。一是有证书作为外驱力;二是职业技能等级标准及项目、教学方式得到了学生的认可,"轮转""三级指导体系"优化了实训效果(图6、图7),情意面、技能面、作业面、信息面、分析面等多维度考核锤炼了学生的思维及综合素质,这都有利于提高学生的就业竞争力。

2. 教师受益

通过师资结构调整、交流培训,教师的实践、教学能力得到明显提升。以钣金模块为例,常规教学实训内容一般以技能大赛赛项为指挥棒,而职业技能等级标准中用双组分胶修复塑料车身件的项目之前从未尝试过,课程教师团队在验证考题的同时,不断学习调整,终于掌握了这门技术。

图6 学生考前冲刺研习　　　　图7 学生考试中

3. 专业受益

由于产业、专业技术的飞速发展,汽车类人才培养方案中对整车技术模块的划分方式亟须调整,课程体系结构也亟须变革,按照三步走规划,汽车类专业已经以钣金模块为试点完成第一步工作,现正多方探讨,进行钣金、电气、营销等模块相关课程标准的改革及资源重构,展开第二步课证融通的探索。在此过程中,教学资源库、教学设计及方法、师资能力、实训条件等与专业发展相关的要素都得到了优化。

4. 学校受益

一方面,随着证书制度建设的实施,使得学校与企业的合作深度得到进一步拓展,不再局限于校外实训、顶岗实习。企业教师、校内教师共同进行师资培训、考评题目验证及调整、学生培训、考评监考,共同提高师资水平;物料及标准在校、企间流通,学校来不及补充的低值少量耗材由企业及时补上,企业也从校方不断了解职业技能等级标准中的先进规范,有利于改进企业的内训体系。

另一方面,在汽车运用与维修职业技能等级证书建设过程中,汉中职业技术学院的1+X组织体系被证实是高效、有力的,这为校内其他证书制度建设提供了范例,全校的职业教育改革也以1+X证书制度建设为突破口逐渐展开。

5. 企业受益

合作企业通过参与制度建设及试考评实施,优化了内部规范和培训体系,建立了与优秀学生的沟通渠道,为人才储备打好基础。

6. 社会受益

2019年11月,在当地教育主管部门倡导支持下,以汉中职业技术学院为发起方,汉中市3所高校、十余所中职院校及合作企业共同发起成立汉中市汽车专业建设指导委员会(以下简称"专指委"),汽车类专业在专指委平台上,广泛与兄弟院校、合作企业交流介绍1+X证书制度建设的经验,将职业技能等级证书向县区、乡村推进,使广大群众和劳动者能知晓、受益(图8、图9)。

四、学校下一步推进1+X证书制度建设的建议

1. 进一步提高证书的社会认可度

在已经发布的3批职业技能等级证书中,与汽车相关的虽有7个之多,覆盖的领域

图8 汉中市汽车专业建设指导委员会成立　　图9 与兄弟院校交流经验

却不重合,院校可根据自身专业条件进行选择。从2019年试点工作开展的情况来看,行政主管部门坚持严要求、培训评价组织坚持高标准、试点院校坚持规范执行,证书质量得到充分保证,但还需要联系行业协会、用人企业等相关方,持续努力提高证书的社会认可度,切实发挥证书的促进推动作用。

2.进一步提高师资水平、优化评价取证方式

在2019年的试点工作中,由于车型车系、区域情况、高中职各学校条件等存在差异,部分项目实施困难,且考生人数众多,导致教师培训费神费力,一些院校不可避免地影响了其他学生的常规教学。优化评价取证方式,一方面要在校内大力推进师资培训,合理协调人员、资源分配;另一方面还需培训评价组织、企业、院校间就职业技能等级标准、培训方案及考评范围等进行深入探讨。

3.进一步融通专业人才培养方案及课程体系

汽车运用与维修职业技能等级标准与汉中职业技术学院汽车检测与维修技术专业现行人才培养方案及课程体系差异较大,特别是在汽车各组成体系的划分上,由此导致课程与证书模块融合难度大,要做到课证融通,就需要深入研究、不断调整课程体系,并在此基础上加大与证书对应的教学资源建设、实训资源建设、教学模式改革、评价模式改革等,推动自身教育教学质量不断提高。

(汉中职业技术学院　丁　艳)

安康职业技术学院
老年照护1+X证书制度试点案例

一、健全组织领导

2019年国务院印发的《国家职业教育改革实施方案》提出:在职业院校、应用型本科高校启动"学历证书+职业技能等级证书"(即1+X证书)制度试点,鼓励学生在获得学历证书的同时,积极取得多类职业技能等级证书。2019年3月,教育部启动1+X证书制度试点工作,安康职业技术学院是教育部首批老年照护1+X职业技能等级证书制度试点单位。学校领导高度重视,批准了1+X专项经费,用于实验实训物品采购、师资培养等。护理学院启动了1+X老年照护专业教学团队选拔和培养工作。为了学习先进经验,安康职业技术学院院长马恒昌带领教务处领导、护理学院相关专业教师赴长沙民政学院考察取经,以保证证书制度试点工作的顺利推进。

二、有序开展师资培训

学校先后派出10余名教师,参加由1+X评价组织中国社会福利与养老服务协会北京中福协长者文化科技有限公司组织的1+X老年照护宣讲会、师资培训会、考评员培训、考务员培训会等。安康职业技术学院已有4名教师具备老年照护1+X证书考评员资格,在陕西考评站的指导下开展全省范围的考评工作。

三、积极推进课证融通

积极落实《国家职业教育改革实施方案》精神,护理学院组织教师修订护理专业人才培养方案,将老年照护1+X证书的内容和理念融入正常教学中,申报校级教改课题"基于职业能力的高职护理1+X证书制度人才培养模式的创新与实践",力争通过课证融通的方式来保证学生在校期间至少获取1个职业技能等级证书。

四、组织学生考证

学校领导高度重视,选派骨干教师对自愿参加1+X证书培训考核的2018级护理专业学生进行初级证书培训。召开老年照护1+X职业技能等级书(初级)的开班仪式,通过系统的理论和实践强化训练来增加考核的通过率;举行考前动员会,鼓励学生积极备考,做好各项考前准备;组织安排120名参加老年照护1+X初级证书考核学生的缴费流程和报名流程。

西安考评站派考评组在安康职业技术学院考点对120名学生进行老年照护1+X

职业技能等级证书（初级）考核，理论考核通过率为85%，实践技能考核通过率为84%，全部通过率为74%。

五、凝练教学成果

考核结束后，组织教学团队对老年照护1+X职业技能等级证书（初级）考核的16项操作标准统一流程和扣分标准形成文字，汇编成教辅资料，为成熟后的校本教材出版做准备。教学成果存档和培育，每项操作都找出学生和教师中的佼佼者训练、录像，学期末整理后推送至学校在线开放课程平台使用，为校级在线开放课程申报做准备。凝练操作标准和考核标准，作为下一阶段培训的蓝本，做好省内交流准备工作。

六、引领辐射作用

1. 海外就业培训班初具规模

学校护理专业与陕西省易通人力资源有限公司自2017年开始联合开设高端养老（海外）就业培训班以来连续开办了4期，已有40名同学赴日本养老机构就业3~5年。2018年11月，受日中介护事业交流协会邀请，护理学院陈红、王以非2名护理专家代表学校出席在东京召开的"介护人才育成与活动"大型探讨会，陈红教授做主旨发言。

2. 申请牵头成立安康市养老学会

安康职业技术学院向安康市科协和安康市民政局申请牵头成立安康市养老学会，拟定学会章程和撰写申请报告，提供办公场地，组织50人以上会员，近期上交相关审批材料；拟同意安康职业技术学院为安康市养老协会副理事长单位，主要负责康养产业的人才培养，聘请学校师资团队为专家库成员；向安康市民政局相关科室提出申请安康职业技术学院为安康市养老护理人才培训基地，目前正在积极争取中，力争达成。

（安康职业技术学院　包龙梅）

西安医学高等专科学校
母婴护理 1+X 证书制度试点案例

一、实施背景

《国家职业教育改革实施方案》(国发〔2019〕4号)提出,从2019年开始,在职业院校、应用型本科高校启动"学历证书+若干职业技能等级证书"(以下简称1+X证书)制度试点工作,要求试点院校在进一步发挥好学历证书作用的同时,融入职业技能等级证书培训教学,鼓励学生积极获取职业技能等级证书,以提高就业创业本领;要求试点院校利用现有资源积极开展面向社会成员的职业技能培训,以增强服务地方经济发展的能力。根据《关于做好第二批1+X证书制度试点工作的通知》(教职成司函〔2019〕89号)要求,经学校申报,2019年10月,西安医学高等专科学校母婴护理专业被遴选为全国第二批1+X证书制度试点专业,根据《关于在院校实施"学历证书+若干职业技能等级证书"制度试点方案》(教职成〔2019〕6号)要求,开展母婴护理1+X证书制度试点工作。

二、主要目标

随着我国二孩政策的实施,母婴健康需求产业呈现出增长速度快、规模大的发展态势。因此,提高母婴护理1+X证书制度试点专业人才培养质量,对于产业的整体发展具有十分重要的意义。就目前而言,母婴护理1+X证书制度试点专业教学仍然存在重理论、偏模拟、轻实践的单一教育误区,这种方式培养的人才很难真正适合企业、社会的实际需要。西安医学高等专科学校在母婴护理1+X证书制度试点专业建设过程中,通过摸索、研讨、学习(图1),创新教学体系,从一体化教学入手,提出母婴护理职业技能等级标准与护理专业教学标准并轨相融的一体化教学模式,从学生的职业素养、职业意识、思想意识、专业技能等方面全方位科学地组织教学。

(1)构建母婴护理职业技能等级标准与护理专业教学标准并轨相融的一体化教学模式。

(2)构建母婴护理职业技能等级标准与护理专业教学标准并轨相融的一体化教学模式,使学生拥有职业活动和个人职业生涯发展所需要的综合能力。

(3)构建母婴护理职业技能等级标准与护理专业教学标准并轨相融的一体化教学模式,夯实学生可持续发展基础,鼓励学生在获得学历证书的同时,积极取得多类职业技能等级证书,拓展就业创业本领,缓解结构性就业矛盾。

图1 研讨、学习

三、工作过程

将母婴护理职业技能等级标准与护理专业教学标准并轨,让这两个标准统一为人才培养标准。课程内容的前后衔接等与证书培训内容相协调,避免课程的重复设置与内容的无关叠加。进行教学组织与实施的改革,做好时间的分配、师资的调配以及学习形式与场地的迁移等工作。

(一)教学方式一体化

依托护理专业现有的教学资源,充分发挥护理专业的优势,实现母婴护理与护理专业教学方式一体化。学校从以下3个方面实现了教学方式一体化。

(1)使用拓展性的多媒体进行教学。多媒体教学是指利用网络资源、公共教学平台等方式开展发散性教学,是当前学校课堂教学的重要方式。在母婴护理教学过程中,学校搭建专门的母婴教学公共平台,利用网络教学资源开展具体的教学活动,通过这种方式让学生接受更加广泛、实用的内容,从而提高学生学习的积极性。

(2)搭建实践教学平台。实践教学平台的搭建是为了让学生更加方便地进行实训学习,将理论与实战有效结合。在平台搭建过程中,学校从实际入手,使平台的教学功能能够有效地配合理论教学和企业实际应用。

(3)加强与企业合作。母婴护理1+X证书制度试点专业是应用性和操作性较强的专业类型,通过加强与企业的合作,完成对学生实践技能的培养。

从这3个方面出发,实现教学方式的一体化,帮助学生能够更加方便、全面地掌握教学内容和操作方法。

(二)教学内容一体化

教学内容是教学的核心,是学生获取知识与技能的主要方面。要提高教学的一体化,突出教学内容一体化是必要的。从母婴护理1+X证书制度试点专业应用目标及教学目标出发,在实际教学过程中,学校从以下3个方面开展工作。

(1)母婴护理技能等级标准与护理专业教学标准相互对接。母婴护理不同等级的职业技能标准与护理专业教育阶段学历职业教育的培养目标与专业核心课程的学习目标相对应,保持培养目标与教学要求的一致性。

(2)母婴护理技能等级的培训内容与护理专业人才培养方案的课程内容相互融合。将母婴护理技能等级证书职业技能培训设计的培养培训体系和课程体系有机融入学历教育护理专业人才培养方案,专业课程能够涵盖培训内容,不再单独设立技能等级证书培训内容;专业课程未涵盖的培训内容,通过职业技能培训模块加以补充、强化和拓展。

(3)母婴护理技能等级证书培训过程与学历教育专业教学过程统筹组织、同步实施。统筹安排母婴护理技能等级证书培训和专业教学教学内容、实践场所、组织形式、教学时间及师资,从而实现母婴护理技能等级证书培训与护理专业教学过程的一体化。

(三)教学途径一体化

母婴护理技能等级标准与护理专业教学标准相互对接,这种对接是由护理专业学历证书与职业技能等级证书的关系决定的。不同等级的职业技能标准应与不同教育阶段学历职业教育的培养目标和专业核心课程的学习目标相对应,保持培养目标和教学要求的一致性。从当前这种以学历教育为主的现状分析,实现母婴教学与护理专业教学相融的一体化是必要的。

(1)学校与企业的教学对接。学校在进行母婴护理教学过程中,按照企业的要求进行目标化人才培养。同样,企业的员工可以直接进入学校进行二次提升。在这个过程中实现资源的最优化利用,增强学校人才培养的针对性,提高学生对职业实际的认知能力。

(2)创新与成型的对接。创新能力是学生实际应用能力的重要方面,也是学校人才培养和教育的重要目的。为了提高学生的创新能力,学校根据学生的需求配备专门的创新教师,通过创新能力的培养,拓宽教学途径,使学生能够获得更好的创新发展空间。

(四)评价方式一体化

母婴护理技能等级标准与护理专业教学标准对应,"X"证书培训内容与学历教育专业课程相融合,统筹安排培训与专业教学过程,为实现母婴护理技能等级证书职业技能考核与护理专业学历教育专业课程考试、同步考试评价奠定基础。通过统一教学评价,形成一体化的评价模式。

(1)校内评价。主要指对学生学习过程的评价,考核采取实践操作、理实一体等形式进行。考核评价在学生每完成一个学习任务后,由任课老师引导,依据考核评价标准,采取学生自评、互评、小组互评、老师点评的方式,以量化打分的形式完成。

(2)校外评价。学生在企业学习时的企业综合素养和职业核心技能考核,根据企业制定的相应考核内容和考核标准,对学生的职业素养、职业态度、职业核心能力进行考核。

(3)第三方认证。在学生跟岗、顶岗实习结束后,由卫生、劳动、人事等职业资格鉴定机构对学生进行考核,取得国家相关部门颁发的技能等级证书、职业资格证书等,实现能力考核与技能鉴定相融合,从而大大提高学生的专业素质。

(五)书证赛融通

引入母婴护理行业领军企业,共同构建校企联盟,企业专家对学生进行实训、实操方面的培训。在场地、资金、设备、人员配置、信息化管理等方面加大技能等级证书培训考核的投入,在人才培养过程中确保学生受到全面的指导。在书证融通的基础上,对部分优秀学生提供个性化发展道路,通过国家技能竞赛拔高学生的学业水平,力争做到书证赛融通。

四、条件保障

(1)制度保障。为使新的教学模式能够顺利开展,学校制定、修订了《西安医学高等专科学校母婴护理1+X证书制度试点学生成绩考核管理规定》《西安医学高等专业科学校母婴护理1+X证书制度试点教师奖励办法》《西安医学高等专科学校母婴护理1+X证书制度试点学生评价办法》等,严格实施,确保项目顺利开展。

(2)组织保障。学校成立了以学校主要领导为组长的教学评价体系改革领导小组,下设多个工作小组,分工明确,责任到人,为项目的顺利开展提供保障。

(3)企业、行业、医院的合作参与,为教育教学改革等提供有力的支持。

五、实际成效及推广情况

随着母婴护理职业技能等级标准与护理专业教学标准并轨相融一体化教学模式的开展,教学的一体化成为母婴护理1+X证书制度试点专业教育的主要方式(图2)。教学一体化既激发了学生的学习兴趣又提高了学生的专业技能,同时也让企业能及时了解学生专业技能的熟练程度,增进了校企的进一步融合。在这一方式下培养的学生,其主观能动性更强,学习目的更加明确,对于未来职业的定位和发展前景有更深刻的认知,从而在适应企业要求和社会责任层面更加灵活。因此,在母婴护理职业技能等级标准与护理专业教学标准并轨相融的一体化教学模式下,母婴护理1+X证书制度试点专业培养的学生,必然可缓解当前社会发展对于母婴护理专业人才需求的压力,从而促进社会经济全面发展。

图2 一体化教学模式

六、体会与思考

(1)新的教学模式的构建,虽然对学校教学质量的提升起到了较大的促进作用,但母婴护理职业技能等级标准与护理专业教学标准并轨相融一体化教学模式推行的广度和深度与要求及无缝对接,还有一个非常艰难的过程。

(2)对这种新型教学模式的探索仍是一个漫长的过程。在教学模式实施过程中急需打造一支能精准把握1+X证书制度相关理念,掌握书证有机融合双标准,满足新技术、新技能培养培训需求的教师队伍,需要任教老师细心、认真、客观、公正的态度和持之以恒的工作作风,更需要敬业爱岗的职业精神。

(西安医学高等专科学校　于　芳)

神木职业技术学院
老年照护1+X证书制度试点案例

一、工作基础

(一)1+X证书制度试点工作现状

为贯彻落实党的十九大和全国教育大会精神,完善职业教育和培训体系,进一步加强复合型技术技能人才培养,教育部推动建立和实施"学历证书+职业技能等级证书"制度,即1+X证书制度。2019年4月,教育部等四部门印发《关于在院校实施"学校证书+若干职业技能等级证书"制度试点方案》。《方案》指出:自2019年开始,重点围绕服务国家需要、市场需求、学生就业能力提升,从10个左右领域做起,启动1+X证书制度试点工作。落实"放管服"改革要求,以社会化机制招募职业教育培训评价组织(以下简称培训评价组织),开发若干职业技能等级标准和证书。有关院校将1+X证书制度试点与专业建设、课程建设、教师队伍建设等紧密结合,推进"1"和"X"的有机衔接,提升职业教育质量和学生就业能力。通过试点,深化教师、教材、教法"三教"改革;促进校企合作;建好用好实训基地;探索建设职业教育国家"学分银行"。

根据老年照护考核标准和专业教学要求,神木职业技术学院护理专业确立了适合1+X老年照护人才培养方案融合的教学模式,并积极进行临床教学阶段的理论实践一体化教学模式的探索和实践。根据1+X标准设计要求,在"技能跟着岗位走、培训跟着学生走、标准跟着行业走"的护理理念指导下,努力完成试点院校一系列工作。

(二)需求分析

1. 社会需求状况

国务院《"十三五"国家老龄事业发展和养老体系建设规划》指出:"十三五"时期是我国全面建成小康社会决胜阶段,也是我国老龄事业改革发展和养老体系建设的重要战略窗口期。这个时期所面临的严峻形势是:预计到2020年,全国60岁以上老年人口将增加到2.55亿人左右,占总人口的比重提升到17.8%左右;80岁以上老年人将增加到2 900万人左右,独居和空巢老年人将增加到1.18亿人左右,老年抚养比将提高到28%左右。

国家卫生和计划生育委员会在《全国护理事业发展规划(2016—2020年)》中指出:"十三五"期间,鼓励社会力量举办老年护理服务机构,为老年患者等人群提供健康管理、康复促进、长期护理等服务,健全完善老年护理相关服务指南和规范,加强老年护理服务队伍建设,开展老年护理从业人员培训,不断提高服务能力。国家大力支持培养养老护理人员,这为护理专业学生就业提供了更多机会。充分调动应届护理专业学生投身老年护理事业,培养他们热爱老年护理工作,这也是高职护理专业学生教育的重要内容。

2. 养老行业服务人员现状

截至目前,我国失能、半失能老人约有4 000多万人,按照国际标准失能老人与护理员3∶1的配置标准推算,至少需要1 300万专业照护人员。但我国目前各类养老专业服务人员不足50万人,老年照护的技能人才急缺,难以满足老年群体对专业服务提供的迫切需求。

(三)存在问题

(1)1+X老年照护人才培养方案不能完全融入现有人才培养方案。

(2)课程设计与实际照护工作岗位的要求存在一定差距。

(3)校内实训室需进一步完善,同校外实习养老机构的合作关系有待建立。

(4)专、兼结合的"双师"素质教学团队力量较弱。

二、工作目标

(一)总体目标

依据《国家中长期教育改革和发展规划纲要(2010—2020年)》《国家中长期人才发展规划纲要(2010—2020年)》,希望神木职业技术学院学生在进行培训考核之后,可以直接进入老年照护工作岗位工作,填补老年照护人员严重不足的缺口,促进和推动陕西省养老事业的发展。与此同时,也可提高学校相关专业毕业生的核心竞争力,提高就业率。

(二)具体目标

作为教育部首批老年照护1+X证书制度试点院校之一,学校高度重视认证工作,按照教育部的要求,各部门通力合作,确保考场布置、学生动员、考前培训以及考核工作顺利完成。通过已经完成的第一次考评工作,外出参观学习其他院校考评工作的经验并同其他院校教师进行交流,进一步积累经验,提高工作效率,提高培训质量,最终实现通过率提高的目标。

三、工作内容

(一)将1+X证书内容融入人才培养方案

学校护理专业教师将初级老年照护的16项操作项目融于2017级、2018级人才培养方案中,充分将各项操作融入内、外、基、老年、伦理等科目中。

(二)教学运行与保障

1. 理论教学运行

(1)严格要求,统一管理。学校要求在外实习的2017级护理专业学生全部返校参加考前辅导,同时参与辅导的还有在校的2018级护理专业学生。辅导教师对参加培训的学生严格管理,做好考勤工作。

(2)端正态度,正确认识。辅导教师做好培训前的动员工作,学生端正态度,重视操作能力的培训,兼顾理论学习。

(3)集中讲解,明确重点。为了保证学习质量,神木职业技术学院将参考学生集中管理,利用1个月的时间进行授课、测试、辅导,理论辅导教师准确把握考试大纲,详细讲解需要重点掌握的学习内容,将知识点进行串讲,搜集相关的练习题作为课后习题,并在下节课前做好答疑工作。

(4)多做题,适应考核。辅导教师在考前按照考核大纲要求为学生整理4套考前模拟题,检测学生的学习效果,查漏补缺,了解学生的薄弱环节,从弱项着手重点辅导,同时教会学生一些答题技巧,将平时复习的知识点转化为考点,以便更好地适应考核。

(5)小组结对,共同进步。辅导教师对基础知识较薄弱、测试成绩不合格的学生进行单独辅导,并让成绩优秀的同学采取结对子的方式,互帮互助,共同提高。

(6)心理疏导,增强信心。为了让学生能够有良好的心态参加考核,教师在辅导知识的同时也注意心理疏导,与考生进行思想交流,要求学生明确学习目标,加强对本次考核的认识,以积极的态度应考。

2. 实践教学运行

(1)时间紧,任务重。从制订并开始实施实践教学计划到实践教学结束仅有1个月时间,在此期间要培训16个项目,使学生能够根据老年照护培训计划要求,完成生活照料、日常康复应用和常见救护的学习,达到参加考核的水准,不管对教师还是学生来说都是一项比较艰难的任务。

(2)新事物,新挑战。老年照护1+X等级考核证书制度对各院校来说都是一个新事物,2019年是第一次开考,没有可供参考或借鉴的经验,神木职业技术学院参与此次考核培训的教师也只能"摸着石头过河"。

(3)学生情况。报名参加考核的学生共49人,由护理专业大二和大三的学生组成,学生基础参差不齐,部分学生基础较差。

(4)分组教学。实践操作考核的关键在操作,需要让每个学生都有动手练习的机会。我们采用了分组教学的形式,将参加考试的学生分为4个小组,分别由4位教师指导,每位教师负责指导1组学生,确保在教学过程中每个学生都能得到指导。

(5)集体讨论,制定操作流程。老年照护1+X等级证书实践操作考核的16个项目,对教师和学生来说,都是新的知识模块。为了提高培训质量,4位教师根据教育部1+X职业技能等级证书制度试点项目初级老年照护教材(由中国社会福利与养老服务协会北京中福长者文化科技有限公司组织编写),共同讨论,逐一制定每个项目的操作流程,在为学生培训前多次模拟操作,及时发现流程的不合理及不恰当之处并及时修改,确保流程合理、无误。

3. 开展实践操作教学后的心得体会

通过对学生进行实践教学,同事间交流以及去其他院校担任考评员,与其他院校教师交流实践教学经验,有以下心得体会。

(1)鼓励学生自发自愿参加老年照护1+X等级证书考核。学校为提高学生毕业后的综合竞争力,除特殊情况不能参加考核的学生外,全部报名参加了此次考核,但也有部分学生积极性、主动性不高。因此,可鼓励学生自发自愿参加老年照护1+X等级证书考核,充分发挥学生的主观能动性,提高学生的操作水平,进而提高考核通过率。

(2)进一步优化每个项目的操作流程。虽然此次考试的16个项目,每个项目的操作流程都是经过4位教师共同讨论制定的,但由于时间仓促且缺乏经验,部分流程仍需进一步优化,使其更加贴近教材和操作考核要求。

(3)将操作教学融入日常教学之中。此次考试采取的是突击集中培训方式,学生在正常上课的情况下接受额外的考核培训,学习负担较重,使得培训质量受到影响。老年照护操作考试的16个项目中,部分操作项目和基础护理学的实训项目有重叠。因此,可将老年照护操作考试项目融入基础护理学的实训中,以减轻学生学习负担,提高培训效率和培训质量。

(三)实训基地建设

为满足老年照护1+X等级考核要求,学校不仅开放医学实训楼为学生实训考核做准备,并另设2号教学楼四楼所有连廊作为老年照护1+X证书制度试点初级考核实践考评点。此实训楼总面积近1 000平方米,具有标准化、整体化、综合性强的优势(图1)。

(四)教学团队建设

1.师资基本情况

学校把建设一支师德高尚、作风严谨、学识渊博、学历层次结构合理、人才结构科学、梯队完善、能够适应高等护理教育发展需要的师资队伍作为中心工作。学校现有护理专业教师16人,其中,副高职称以上3人,占比19%;中级职称6人,占比38%;"双师型"教师8人,占比50%,结构合理,能够满足本专业教学计划规定的教学需要。

2.老年照护师资情况

目前,学校刘树平副主任,思广花、李霞老师于2019年8月在山东参与老年照护1+X教学研修班培训并考取证书;思广花、李霞老师于2019年10月在西安参加考评员培训并考取考评员证书;2019年11月李霞、赵瑞老师于北京参加老年照护考务员培训(图2)。

四、新专业支持建设

神木职业技术学院设有护理专业以及新申报的康复治疗技术和药理学专业。以突出护理专业特色为学科建设方向,另增设康复治疗技术专业,将为今后老年照护1+X职业技能试点项目更好发展增砖添瓦。

图1 1+X老年照护初级考试实践考评点

五、保障措施

(1)体制保障。坚持国有公办行业管理的办学体制,在建设项目中吸纳社会和相关行业、医院资源,形成项目合作联合体。

(2)组织保障。建立由学校领导组成的护理专业建设项目领导小组,设有理论巡考、考务组、技术保障组、后勤保障组。

(3)制度保障。建立老年照护项目决策、实施、检查、评价等系列管理制度,确保项目顺利实施。这些制度包括领导小组工作职责及制度、专业建设带头人及制度、财务管理制度、仪器设备管理制度、项目总体及阶段性监控评价制度,已经形成良好的项目建设制度环境。

(4) 资金保障。学校非常重视1+X老年照护试点项目，前期已投入30余万元资金启动老年照护项目，后期学校还将进一步加大资金投入，以支持项目的后续发展。

图2　教师获得的老年照护考评员证书

（神木职业技术学院　王宝生）